自得齋叢書

沈氏玄空學要義釋解

編著：沈宗宣

鷺達文化出版公司

封面設計：陳達亮

書　　　名：沈氏玄空學要義釋解

國際書號：ISBN 978-988-8192-13-7

編　　　著：沈宗宣

出　　　版：鷺達文化出版公司

地　　　址：香港北角渣華道 8 號威邦商業中心 19 字樓 1901 室

電　　　話：2571 4219　　傳真：2571 4214

電　　　郵：lotat98@gmail.com　　網址：www.lotat.com.hk

發　　　行：香港聯合書刊物流有限公司

地　　　址：香港新界大埔汀麗路 36 號中華商務印刷大廈 3 字樓

電　　　話：2150 2100　　傳真：2810 4201

版　　　次：2017 年 8 月第 1 版　第 1 次印刷

定　　　價：HK$118

曾祖父沈紹勳（竹礽）先生

祖父沈祖緜（瓞民）先生在蘇州寓所書房

大伯沈延國先生在蘇州寓所書房

父親沈延發先生

目　錄

序 一

讀宗宣風水釋解

子洋

宗宣所寫的風水釋解是一本好書，把我國的風水科學解釋得很好，希望大家細緻的拜讀這一本好書。

風水這一學問有二面性：一是科學性。二是迷信。今日瑞典、瑞士和美國的科學家進行科學研究，發現房屋指南針正南，那是一個吉屋，人們居住獲得健康。因爲正南是日照最好的方向。北京古代的皇宮亦是正南的。證明風水有科學的一面。

我家在抗日時避難於江蘇泰州潘王莊，父親與三哥(沈延發)演《九宮撰略》一書，給廣東人楊純三出版，傳布於全世界，證明風水的根源是九宮古易，是地理、地質一本好書也。

沈氏四代人研究易科學，全國有 20 多位人。希望這一個隊伍更好興旺。

我國著名學者馬浮、錢學森等均研究風水科學的一面，希望宗宣詳細加以介紹之。

我家祖父在南京搞建築學，他亦研究風水學，他收集風水書，集《沈氏玄空學》。今日蘇州延春出豪款再次出版，傳這一本書，更好傳布於世界。

我家的大哥、三哥與四哥均在風水這科學上有好的看法。希望宗宣採納之。

父親講，易注有幾千本，好的幾十本。王弼最佳，他注易最先進，亦希望宗宣這一本通釋能採納國內外的學者對風水的

13

通釋也。

　　回憶父親與錢均夫二人在上海虹口辦教育會，籌錢送青年學子赴歐美學習科學，這一個隊伍包括章太炎的二兒章奇，在世界科學上起大作用的。

　　風水是多科學一個綜合科學，希望宗宣把風水的原理根據九宮易與天文、地質等知識加以傳釋清楚。

　　希望把三哥 30 本易學書，能搞一個好的札記，在通釋中加以傳布也。因爲九宮易是風水最重要原理也。

　　希望宗宣這一本好書能把易經對風水的精華更大的發揮。

　　九宮易是風水的基礎，九宮中縱橫三個數均爲 15，這維數代表陰陽加五行，因此風水科學是很重要我國易科學的精華也。

　　父親沈瓞民寫一本書，叫黃炎培先生出售，得錢建德壽坊故居，今日延春籌集 80 萬把故居一新。從歷史上談父親與胡愈之同志在浙江上虞訓練了大批人才，胡在國內搞刊物與書店，傳布共產主義。胡愈之同志到蘇州訪問一定要去看父親的。馬浮老人亦與父親很友好。希望之星這一本書中亦反映馬浮與胡愈之同志的友誼也。

　　希望這一本書在全世界廣泛傳布。今日三教叢易，證明易的地方更高了。希望宗宣這一本在世界廣傳布之

2016 年 5 月書

（註：子洋為作者的六叔沈延成）

序 二

欣聞沈氏後裔沈宗宣的《沈氏玄空學要義釋解》即將出版，自得齋叢書又增一本新作。

蘇州市周易研究會依近代易學大家沈瓞民之故居，傍《沈氏玄空學》之巨作而立腳跟，斗轉星移間已過二十五周年。2012年後，在完成對沈氏故居的修繕後我們隨即着手開展弘揚易學、易學拓展性研究、易學著作整理出版等諸多工作，其中整理刊印自得齋叢書爲弘《易》之重。2007年始，沈氏後人已陸續自行刊印了沈延發編著的《沈氏玄空堪輿學》、《易學新論》等十幾部著作、沈宗宣編著的《品味黃帝內經》上下冊等多部著作。2014年我們重刊了民國二十二年版的由沈瓞民編著的《增廣沈氏玄空學》。本書對如何應運而起、河洛爲宗、玄空是寄、太乙遊宮、元運掌指、順逆換排的衰旺生死，得令則取，失令則棄之法則有所闡述，也爲瞭解玄空奧秘提供捷徑。認識天地之玄奧在世間法上固然有助於我們把握和處理自身，但主要的還是我們處世的道德修養最爲關鍵，起心動念之初的善惡已決定最終的果報，我們不光要讀懂《周易》，更重要地是要遵循易理去入世爲人，才能知周萬物而道濟天下，在饗讀本書沈氏先輩智慧的同時，勿忘修身，拾微毫之善而積，雖處惡地神必祐之，願有緣人能相遇並能讀之、藏之、傳之……

蘇州周易研究會
裔男子青沈延春、後學西棠散人張曉蘇謹識
二零一七年季春
（原文爲沈延春、張曉蘇爲重刊
《增廣沈氏玄空學》的跋，引以爲序）

沈氏易學、玄空學先輩譜

前　言

　　錢塘沈氏可稱爲書香門第，且對《易》理有研究。（對錢塘沈氏的了解可閱《錢塘沈氏家乘十卷》。）曾祖竹礽（紹勳）先生潛研《易》理，平生覽古今《易》著千餘，著有《周易易解》、《沈氏玄空學》等諸書，刊布於世，爲晚清易學名家。祖父瓞民（祖緜）先生早歲與黃興、陶成章等從事辛亥革命，並參加反袁二次革命，囹圄之厄，顛沛流離。七十餘載，不忘研《易》，未嘗中輟，著作百餘種。以八十高齡，猶發奮成《三易新論》百萬言（油印五十部）。爲近代易學大家之一。伯父延國（子元、子玄）先生又繼承家學，從章太炎、蔣竹莊等學，曾教授於申江諸大學，通曉《易》理。父親延發（子周）先生，昔侍父讀《易》，略知其妙。後同濟大學畢業，專治工程設計，奔貴州、重慶、上海、北京、天津，在祖國各地設計工程。業餘尚能讀《易》，庶不忘家學已爾。1977 年 7 月由天津退休回到蘇州。與其兄延國先生重研《易》理，收益良多。並組織蘇州周易研究會多年。（摘編自鷺達文化出版公司《易學新論》上冊《前言》）我們希望沈氏後代不忘祖訓，繼承傳統，德藝雙馨，造福社會。

　　下面分別以沈紹勳（竹礽）先生簡歷、沈瓞民先生傳略、沈延國先生簡歷、沈延發先生生平事跡等四部分介紹如下。

一、沈紹勳（竹礽）先生（1849–1906）簡歷

沈紹勳，字蓮生，號竹礽，浙江錢塘人。生於道光二十九年六月十二日，卒於光緒三十二年六月十七日，享年五十有八，配吳、謝、袁三氏，子二，祖綿、祖芬，女二，長蕙貞適馮、次如琴適王。

1849 年（道光二十九年）（己酉）

6 月生，父觀准字竹坪，生母徐氏。

1852 年三歲（壬子）

父親去世，而孤。

與堂兄紹森、紹聯、紹烺從陳松溪師保裕學。這時知道夢溪老人沈括爲沈氏遠祖。又知沈氏歷祖中有青門山人沈仕其人，家藏歷代遺象及堯年佩彝公手紮。

1861 年（咸豐十一年）（辛酉）十二歲

11 月 28 日

太平軍攻陷杭州，沈氏一門死難者七人，紹勳被太平軍挾去。

1862 年（同治元年）（壬戌）

輾轉至松江

1 月

華爾將軍攻陷松江打敗太平軍，紹勳跟隨華爾從軍。華爾將軍夫人姚氏（長梅，又擬楊氏），是桐城名家之女。

5 月 1 日

隨華爾攻克嘉定。

8 月 7 日

旋復青浦。又與潘鼎新一起攻金山，潘師未至，先生已攻入金山縣城。

17

9 月 21 日

華爾攻克浙江慈谿（今浙江慈城），中炮火，次日在寧波死亡。先生改隸戈登軍，在戈登軍中翻譯兵法，訓練兵士。

12 月

戈登攻蘇州時，先生以銳卒先克滸墅關。李鴻章殺太平軍六降將，戈登憤怒李鴻章無信，離去。先生亦力持降將不可殺意見，恐得罪當道，乃跑到上海習業，即以縮衣節食爲尋家計，而所得薪水微。

1863 年（同治二年）（癸亥）

著《泰西操法六卷》、《地雷圖説二卷》刊於蘇州。

秋冬季

姚夫人（長梅）卒於上海，紹勳送櫬至寧波。姚臨終以遺產百萬授先生，先生力辭。

1865 年（同治四年）（乙丑）

讀地理書。後至杭，在丁氏八千卷樓、餘桃黃氏五桂樓、寧波範氏天一閣、盧氏抱經樓，凡藏是類之書，莫不畢讀。

1869 年二十歲（同治八年）（己巳）

開始能由上海至杭州，七次。

1871 年（同治十年）（辛未）

冬，爲先君子覓葬地。

1874 年（同治十二年）二十五歲（癸酉）

與胡伯安之錫訪仲山後裔。借觀仲山所著《宅斷》。

秋，膺順天學政錢少宰襄校之聘。

1875 年

配吳氏，吳時年 26 歲。吳氏係上虞吳氏候選同知，諱步青長女。生道光庚戌（1850 年）十月十七日子時，卒於光緒癸未（1883

年）九月初二日寅時上虞寓，享年 34 歲。時紹勳在滬。子二祖縣、祖芬，女一皆幼。越明年甲申五月卜葬於上虞下閘西南山麓。

1879 年（光緒五年）三十歲（己卯）

第七次去杭州，遇堂兄紹森，得知五伯父琴山府君諱觀霖與先生同被虜，旋即相失。而遇到脫歸者異母姐歸張氏與姐夫張季方，姑子方詮。1861 年沈氏殉難的有生母徐氏，紹麟、紹聯、紹烺、紹康與妹雲姑，而先生之父先于蕭山陣亡。

1886 年

繼配謝氏。謝氏名宗蘊，上虞安徽候補通判署廬江縣縣知，女同治二年（1863 年）九月六日生，光緒十三年（1887 年）六月二十日卒，年二十五，善詩文。葬徐村後山。

？年

續配袁氏。袁氏上虞榮慶女。

1888 年（光緒十四年）三十九歲（戊子）

照四十小影。時湯壽潛作詩《題沈竹礽四十小影》。

1889 年（光緒十五年）四十歲（己丑）

赴威海衛旅順等處視察海軍兵器，見兵器皆舊，不足以禦敵，詳陳述應增新式器械，作圖說明。又說日本在發展海軍，其快炮都達到英德水準，水雷亦比我國精銳，而我北洋各輪船，裝配炮位既舊又少，以勢力論而不能敵日本。而英德諸國，輪船不在噸位大小，而在器械利鈍。有船無器，跟無船一樣。日本距離北洋很近，一旦有事，日本武器好，我國武器壞，何以制勝。李鴻章聽從，購置新式快炮，因費用巨大而中止。

？年

奉命赴東三省探漠河金礦，看見吉林、黑龍江地曠人稀，不及時規劃，則有疆土之憂，宜於遼河上游的赫爾蘇河距松花江支流伊爾河六十里間，開鑿運河，則自牛莊至俄屬西伯利亞，航河可達，花費少，獲利多，實有利於邊陲防務。此建議李鴻章也不用。先生遂辭歸，不復問世。

1895 年（清光緒二十一年）（乙未）

回杭葬祖考竹坪府君于邑之徐村。越半載，來上海，言杭有後進。

自母親去世，骸骨未歸，節衣縮食，稍有富餘錢，就去杭州訪故居，找母親死難地。這時故居已易外人，鄰裏故舊，都已離散。十年中七至杭州，仍無線索，只能以衣冠來葬之。

紹勳先生爲創作《錢塘沈氏家乘》，訪問四伯母等親族，查省府縣誌及杭州掌故舊書，得到上溯十三世名系，並考知遷杭始祖以下九世名系，並墓地所在。

1900 年（光緒二十六年）（庚子）

春，著《地理辨正抉要》。

1901 年（光緒二十七年）（辛丑）

著《靈城精義箋》。

1906（光緒三十二年）（丙午）

六月，卒，享年五十有八。葬于杭州龍井裏塢頭。

主要著有：《周易易解十卷》、《周易示兒錄三卷》、《錢塘沈氏數典錄二卷》、《錢塘沈氏家乘十卷》、《留直存牘一卷》、《自得齋雜著十四卷》、《靈城精義箋》、《泰西操法六卷》、《地雷圖說二卷》、《沈氏玄空學六卷》、《周易說餘一卷》、《地理辨正抉要》、《地理諸書僞正考八卷》、《惠棟易漢學正誤八卷》、《自得齋目睹國朝易學書目韻編》、《趨庭學詩記一卷》、《加冠圖偶和集》等。

（沈宗文整理）

二、沈瓞民先生（1878-1969）傳略

小　引

　　沈瓞民先生（迪民），名祖綿，1878 年 1 月 14 日生於浙江省錢塘縣（今杭州市），1933 年起定居蘇州，1969 年 7 月 4 日卒于寓所，終年 92 歲。

　　早歲，留學日本東京，進早稻田大學，習歷史地理專業。是時，投身民主革命，參加光復會，爲創始人之一。後入同盟會。遭清政府通緝，八次亡命日本，改名高山獨立郎，精通日文，能操流利的日語，賴此奔走於朝鮮和我國東南沿海各地，進行反清活動，始終不渝。辛亥革命後，袁世凱稱帝，先君於寧波一隅之地，舉九千義師，宣佈獨立，反對袁賊。抗日戰爭勝利後，關心民主運動。在上海、揚州參加新四軍領導的長江商行，任董事，進行地下活動，將急需的藥品，秘密運入解放區。解放後，任江蘇省和蘇州市政協委員。並聘任中國科學院歷史研究所特約研究員。九十高齡時，猶潛心著述。九十二歲時完成《卦氣解略》一卷。一生著作宏富，都一百餘部。

少年時期

　　先君出生在舊知識份子的家庭裏。我家是《夢溪筆談》作者沈括的後裔，宋以來，出了不少知名之士，但至晚清，家業中落。祖父竹礽先生，名紹勳，在上海從事機械製圖工作，業餘研究《易》學，著有《周易易解》等書。先君幼年受封建的

教育，兼學習英、日文和數理科學知識，拒絕參加科舉。稍長，從陳蘭甫、林迪臣學經子，秦硯畦學史地。秦是著名的《晉書》專家，在上海浦東講學，從學的還有黃炎培等。又從支雯甫學數學。支在上虞主講算學堂，即往就學。此時結識了著名教育家蔡元培和理學大師馬一浮諸人。支後任浙江大學總教習，即隨師往教，走上了著述和講學的道路。中日甲午戰爭（1894年），中華蒙辱，但也找不到救國真理，苦悶彷徨，埋頭閱讀中外載籍，潛心研究史地，渡過了少年時期。

東渡日本

為了尋找救國的真理，在 1897 年，先君年十八歲時，東渡日本，以浙江省公費，進東京早稻田大學歷史地理科肄業。此時頗受康有為、梁啟超改良主義思想的影響。第二年戊戌變法，先君回上海，創辦時宜學塾，又在上海十六鋪創設"識字處"，招收碼頭工人，教他們識字，學文化，宣傳救國的思想，因此引起清政府仇視，誣為"亂黨"，通輯追捕，於是亡命日本。這時留學官費被取消，化名"高山獨立郎"，在東京留日學生會館擔任翻譯，重進早稻田大學，半工半讀，繼續求學。（後來定居蘇州，與張仲仁一麟及其從弟張次乾相識。據次乾回憶，他去日本留學，是由高山翻譯的，開始認為是日本人，能講漢語。到蘇州相見，才握手而笑云。）在東京，結識了孫中山、陶成章，又和梁的弟子蔡鍔相知。不久，康、梁的保皇面目暴露於天下，先君就拋棄了改良主義的幻想，立志光復，投身反清鬥爭。雖屢遭清政府兜捕，還是往來日本、上海，潛入朝鮮，廣結志士，革命之志，更加堅決。

1902 年，經浙江大學派遣，作爲教習進修，再次東渡，入弘文學院進修，和魯迅、許壽裳等同學，渴求新知。并聯繫陶成章、王嘉禕、蔣尊簋等，暗中籌組光復會。留日的浙江學生編輯《浙江潮》雜誌，先君暗中代表光復會給以有力的支持，自己也主編《胡天》雜誌，在東京出版，昌言革命。然也不廢學，編成《英文典》一部，寫成《讀史方輿紀要校補》十卷，《中國外患史》二百萬言。

辛亥革命

清朝政府在辛丑合約簽訂以後，喪權辱國，萬民憤慨。於是推翻賣國的清政府，成爲全國各族人民一致的呼聲。光復會推先君負責東南諸省事宜，於 1904 年歸國，策動武裝起義。回國後，光復會原打算讓先君仍回浙江，因本是作爲浙江大學堂教習赴日進修一年，理應回校繼續任職。但此時浙江大學堂的監督陳漢第（字仲恕，陳叔通之兄）已離開，換來保皇派勞乃宣任總理，認爲先君是"草字頭"危險人物，換言之，認爲是革命黨人，拒絕其回校任教。乃改往湖南長沙，與華興會的黃興聯繫，企圖湖南、浙江、安徽同時起義。先君與黃興等，同在長沙明德學堂任教習，暗中積極進行籌畫。浙江陶成章已佈置妥善，專待長沙消息。不幸長沙運槍械事泄，起義失敗。黃興奔上海，先君處理黃興未了事宜。不久，到上海進南洋公學（後改爲交通大學）任教習，還兼任吳馨主辦的務本女學、柳亞子主辦的健行公學、蔣維喬主辦的上海師範傳習所任教。

光復會首領陶成章和魏蘭、敖嘉熊三人密商，由先君在上海組織一學會，以便作爲光復會的交通點，因爲原有"人和煤號”交通點，因系商業場所，聯繫不便。於是組織在上海的浙籍人士，發起成立浙江旅滬學會。還在學會領導下，創辦旅滬公學於上海生生里。學會工作，實際上由先君、姚麟及人和煤號經理王廉負責，蓋三人皆光復會會員，姚麟原在徐錫麟、秋瑾創辦的紹興大通學堂任監督，因學會工作需要，特意派到上海來的。這時，浙江掀起拒款保路運動，組織“決死党”，湯國梨等發起的“婦女保路會”，咸由學會策劃。

辛亥革命事起，先君在上海，率領光復會同志，參加革命軍攻佔上海製造局之役，先君與光復會同志，首先攻入製造局。1911 年冬，浙江都督府成立，應招杭州，擔任秘書。旋任上虞民事長。

1912 年，光復會的陶成章被刺于上海，孫乃泰等也被殺戮。加以光復會組織本不嚴密，幾經破壞，逐漸渙散。這時期，先君堅持寫作，著有《地理學》、《簡明地理教本》、《中等本國地理》、《簡明地理講義》以及《四史校補》。對四史的地理、食貨、曆律、藝文、五行諸篇，悉心校詁。

二次革命

1912 年 9 月，先君從上虞調任寧波民事長。次年，袁世凱竊國，刺死同盟會的宋教仁等，妄圖稱帝。於是“二次革命”在各省紛紛發動。先君事先和上海的陳其美、杭州的朱瑞約定，同舉反袁義旗。先君在寧波，於 7 月 20 日，會同顧乃斌率領獨立旅，加上常備隊士卒，總共九千人，宣佈獨立。不料上海都督陳其美不堪一擊，討袁失敗。杭州都督朱瑞聞上海敗北，首鼠兩端，叛變投袁。寧波孤立無援，兵力不足，以失敗告終。

先君被袁世凱逮捕，所有珍貴史地資料和著作，悉爲劫奪，蕩然靡遺。經光復會同志營救，出亡日本。袁死，不願重返浙江，從事山東、山西、江西勘察煤礦工作。

辛亥革命以後

先君親歷辛亥革命，民國建立以後，目睹陶成章、宋教仁等被刺殺，"二次革命"時又被同盟會的朱瑞叛變出賣，憤感時艱，遂於1915年以後，在上海南洋公學擔任教習，授徒賣文維生。

1928年至1932年，曾多次從蘇州去杭州，與馬一浮同校《周易易解》等書，次第刊佈。并手輯《青門詩集》、《房山詩集》以及《錢唐沈氏家乘》，均由西冷書社印行。

先君反袁失敗以後，把家安置上海。後經同志相助，尤得黃炎培之助，把早年所寫的《中國外患史》二百萬言，連版權一併出售，得數千元。又由務本女學的學生楊達權在蘇代購德壽坊寓所，就定居蘇州。1933年起，在蘇潛心著述。是時，章太炎居蘇州錦帆路創設章氏國學講習會，邀先君與王小徐任特約講席。同時在章大炎主編《制言》雜誌上撰稿，刊印《群經臆斷》《諸子臆斷》諸書。

1939年，先君爲避日僞的逼脅，寄居上海友人家，先後八年，窮困艱難，教書著述，不足糊口，借貸度日，一直堅持到抗戰勝利。此後，在上海和馬敘倫、王紹鰲諸老友，參加反蔣的民主活動。不久，回蘇州，積極協助他的學生、上海華北煤業公司經理潘以三組織的長江商行，分設支行于楊州。長江商行是新四軍的地下經濟組織，由葉晉明、蔡輝領導。先君邀集國民黨元老許崇智、張家端以及潘以三、徐德明等任董事，許爲董事長，潘爲經理，徐德明爲副理，延國亦忝列董事並爲秘書。商行專運衛生藥品、文化用具至解放區，回程則載煤至上海，往返不斷，直至解放。陳毅同志對長江商行的工作曾給以好評。在這期間，先君仍從事講學和著述，撰成《爾雅義證》十卷，《說文系傳校勘記》十卷等書。

新中國成立以後

1949 年，先君平生夢寐以求的新中國終於屹立於世界的東方，親眼看到這翻天復地的巨變，感到無比欣慰。雖已是七十高齡的老人，仍發奮學習馬列主義，積極參加政協活動。晚年撰述《易》學著述，加以訂正，都十餘部。臨終前，還把《卦氣解略》定本完成。自應聘爲歷史研究所特約研究員以後，又多有著述，郭沫若曾謂："沈老年已八十有三，尚勤於述作，甚爲欽佩！"老友陳叔通多次來蘇探望，也以"《新論》自是傑作，高齡仍孜孜不倦，望塵莫及"相勉。

九十多年來，先君從事講學和著述，在哲學、文學、史學、古地理學、經學諸方面，咸有專著，都一百餘種，今整理遺稿，得八十八種。書目見附。

一九八四年二月二十五日

附：沈瓞民先生著作八十八種

1·易古義三卷。初稿於 1909 年，三稿於 1950 年，未刊。

2·象數釋疑十卷。初稿于 1900 年，定稿於 1940 年，今存三卷。第四卷《先後天釋疑》刊入光華大學半月刊。第六卷《周易卦序》、第八卷《中爻釋疑》未刊。

3‧易學溯源一卷。稿成於 1941 年，上海鈔印本。

4‧三易新論十八卷八十八論。稿成於 1958 年至 1964 年。1960 年抄印本，1964 年重抄印。書前有陳叔通題署。

5‧周易序繇二卷。稿成於 1965 年 5 月，同年 12 月鈔印本。書前有陳叔通題署。

6‧周易孟氏學三卷。

7‧周易孟氏學補遺一卷。

8‧孟氏易傳授考一卷。稿成於 1936 年，書前有蔣維喬《序》、先君《自序》，後有延國跋文，刊入《制言》，另有章氏國學講習會單印本。1953 年增訂五十三則，成爲校定本，未刊。

9‧周易馬氏傳輯證七卷。

10‧漢魏費氏易學考一卷。定稿於 1936 年，刊入《制言》。

11‧周易京氏學三卷。初稿於 1942 年，未刊。

12‧周易干氏學一卷。稿成於 1920 年，未刊。

13‧讀易臆斷三卷。重寫於 1935 年，刊入《制言》第三至二十四期。1942 年再修訂爲校定本。書後有張壽鏞跋文。

14‧九宮撰四卷。

15、九宮撰略一卷。稿成於 1938 年。

《九宮撰》稿，部五十萬言，末刊。《九宮撰略》稿，刊入《制言》，另有兩種單行本，書前有蔣維喬《序》，先君《自序》。《九宮撰》散失於 1968 年。

16、九宮撰略續一卷。稿成於 1942 年夏天，未刊。

17、八風考略一卷。稿成於 1934 年 1 月，刊入章氏國學講習會學報第一期，另有單印本。

18、卦氣解略一卷。定稿於 1968 年，此乃先君最後寫稿，在病中校定，未刊。

19、卦變釋例一卷。稿成於 1932 年 12 月。刊入《制言》第五十一期。

20、變象互體辯一卷。稿成於 1936 年 1 月。刊入《制言》第四十八期。

21．易學史略一卷。稿成於 1939 年，刊入上海《群雅》雜誌第一至三期稿未刊完。

22．周易說存二卷。初稿于 1961 年仲春。未刊。

23．答邢璞山問易三事一卷。稿成於 1936 年 1 月。刊入《制言》第三十三期。

24．周易管見一卷。寫於 1961 年 7 月，刊於 1961 年 8 月 15 日上海《文匯報》。

25．易乾鑿度故四卷。初稿于 1898 年，定稿於 1950 年，未刊。

26、易通卦驗故三卷。初稿于 1898 年，定稿於 1950 年。前有李根源題簽。刊。（按先君於 1908 年，成易緯七種校故，定稿存上述兩種。）

27．喬氏緯捃校補若干卷。此稿，先君云："弟子借去。"卷帙、寫作年月、是否刊出，末詳。

28．讀老臆斷一卷。稿成於 1947 年，未刊。中國科學院歷史研究所藏。

29．讀莊臆斷二卷。定稿於 1947 年，未刊。歷史研究所藏。

30．讀文子臆斷一卷。初稿於 1946 年，末刊。

31．讀墨臆斷四卷。初稿於 1934 年，定稿於 1948 年，未刊。

歷史研究所收藏。

32、墨經正讀二卷。校定於 1944 年春 2 月，未刊。

33、讀荀臆斷一卷。重寫於 1938 年 12 月，刊入《制言》第五十八期。

34、讀管臆斷八卷。初稿 1915 年，二稿於 1939 年，定稿於 1968 年。初稿三卷刊入《制言》第六十、六十一、六十二期。定稿八卷，未刊。前有屈強《讀管臆斷序》，後有先君《跋》。

35、讀管臆斷補一卷。稿成于 1951 年夏，未刊。

36、管子地員篇考證一卷。稿成於 1951 年冬，未刊。已佚。

37、管子正音三卷。稿成於 1957 年 4 月，未刊。

38、讀韓臆斷四卷。稿約成於 1947 年，未刊。

39、讀鶡冠子臆斷三卷。稿成於 1924 年夏，於 1955 年 4 月重爲校定。末刊。

40、子華子理惑一卷。稿成於 1934 年 10 月。刊入《制言》第四十九期。

41、讀鄧析子臆斷一卷。稿成於 1933 年 10 月，未刊。

42、讀六韜臆斷一卷。稿成於 1954 年 4 月，未刊。

43、太玄探原三卷。稿成於 1963 年，已佚。

44、太玄校義一卷。稿成於 1963 年，未刊。

45、白虎通義引書表補正一卷。稿成於 1937 年。刊入《制言》。

46、禮記正義校十卷。稿成於 1947 年，未刊。

47、月令章句輯補一卷。定稿於 1950 年秋，書前有李根源題署。未刊。

48、讀呂氏春秋臆斷一卷。稿成於 1935 年，刊入《制言》第一、二期。1961 年 11 月校定本，增加《自序》一篇，末刊。

49・讀呂紀隨筆一卷。稿成於 1941 年 3 月。其中二十二則，1962 年刊入《中華文史論叢》第二期，餘未刊。前有冒廣生《序》，後有孫振麟《跋》。

50・讀素問臆斷一卷。稿成於 1923 年，刊入《制言》第五十二期。校定於 1959 年 6 月，由北京中醫學院鈔印。

51・讀靈樞臆斷一卷。稿成於 1923 年冬，未刊。

52・五運六氣圖解一卷。稿成於 1923 年冬，未刊。1938 年郵寄上海時，與《讀靈樞臆斷》同時遺失。

53・素問瑣語一卷。稿成於 1952 年 5 月，定稿於 1958 年 2 月，北京中醫學院印本。

54・醫用陰陽五行淺談一卷。稿成於 1940 年，北京中醫學院印本。

55・洪範翼四卷。稿成於 1933 年，末刊。

56・洪範淺釋一卷。稿成於 1939 年 1 月。上海國專鈔印本，末印全。

57・逸周書臆斷一卷。

58・逸周書闕文考一卷。

59・逸周書謚法解校箋一卷。

60・逸周書器服解校箋一卷。寫成於 1940 年至 1942 年之間。《逸周書謚法解校箋》刊入《制言》第十五期，餘未刊。

61・漢書藝文志疏四卷。稿成於 1910 年。其中選刊一部份在何處發表，待考。

62・讀周官臆斷八卷。初稿於 1946 年，未刊。

63・讀山海經臆斷四卷。初稿於 1947 年，未刊。

64・讀史方輿紀要校補十卷。寫於 1909 年前後，未刊。

65・仁錢山脈考八卷。寫於 1903 年，未刊。前有秦硯畦

《序》。

66‧中國錢幣史稿。寫於 1920 年以前。

67‧中國外患史。稿成于 1903 年，時在日本東京所作。

《中國錢幣史稿》約五十萬言，《中國外患史》約二百萬言，均由黃炎培介紹出售。

68‧新中國建設論。寫于 1946 年，連載於上海《月刊》雜誌。

69‧讀詩臆斷四卷。稿成於 1946 年，草稿於 1920 年開始。未刊。歷史研究所藏。

70‧趨庭學詩記一卷。稿成於 1901 年，未刊。

71‧屈原賦證辨三卷。校定於 1951 年秋天。1960 年 2 月中華書局印行。

72‧宛陵集校箋一卷。稿成於 1915 年，未刊。

73‧移山新語九卷。自 1950 年起草。草稿初成，尚未定稿，先君病逝，未刊。

74‧讀純常子臆說一卷。定稿於 1958 年 12 月，未刊。

75‧天臺紀勝一卷。1937 年 5 月寫成，刊入 1939 年 2 月《制言》。另有單行本。

76‧爾雅義證十卷。稿成於 1946 年至 1948 年之間，未刊。

77、說文系傳汪祁兩本校勘記十卷。定稿於 1946 年至 1948 年，於 1958 年 10 月寫成清稿本。未刊。今家藏第一至六卷清稿本。七至十卷，已遺失。

78‧說文古本考補遺三卷。此稿爲早年之作，於 1958 年寫成清稿，未刊。

79‧續正俗匡謬一卷。稿寫於 1915 年前後，未刊。

80‧地理學。稿成於 1905 年，已刊。

81‧中等本國地理。稿成於 1906 年，上海會文學社印行。

82‧簡明地理教本。稿成於 1906 年，上海中國圖書公司印行。

83‧簡明地理講義。稿成於 1906 年，上海開明書店印行。

84‧英文典。稿成 1903 年，日本東京印行。

85‧高山憶舊錄二十卷。此稿於 1949 年至 1963 年之間，陸續寫定。其中部分篇章載于《蘇州文史資料選輯》第六、十、十一輯上。

86、颿民文錄十卷。訂定於 1965 年春，未刊。

87‧颿民詩鈔八卷。《詩鈔》已有散佚，僅存《居東集》等數卷，由吳梅、冒廣生等訂定。書前原有李詳《序》，亦佚。

88‧讀書箚餘十卷。《讀書箚餘》十卷，校定本已散佚，僅存草稿一卷，其餘待訪。

先君著述一百餘種，今得八十有八種。散佚諸稿，容後訪之。

（沈延國著，刊《蘇州史志資料選輯》第三輯，蘇州市地方誌編纂委員會辦公室、蘇州市檔案局）

三、沈延國先生（1912-1984）簡歷

沈延國，號子元，浙江杭州人，蘇州市政協委員，蘇州市民革文史資料工作委員會主任。平生致力古籍整理，得其父沈瓞民家學甚厚，並從師章太炎先生，深得太炎先生教益（爲太炎先生的寄兒）又求學于蔣竹莊（維喬）、呂思勉、馬一浮師。忠誠於教育事業，在他的五十餘年的教學工作中，對青年熱情提攜，誨人不倦，桃李滿天下，晚年從事古籍整理、搶救工作，勤勤懇懇，不辭辛勞，爲文史資料工作做出了積極的貢獻，是一位愛國知識份子，他謙虛謹慎，平易近人，分工所及，事必躬親。

1912 年 1 月 14 日

出生於江蘇省蘇州市，父沈瓞民，母孫琳。長子。

1926 年 9 月

江蘇省蘇州中學讀書。

1932 年 8 月

畢業於江蘇省蘇州中學，隨蔣竹莊先生、呂思勉先生入光華大學中國文學系，副系中國歷史系，專攻中國古文學。在大學期間，曾與蔣竹莊（維喬）、楊寬、趙善詒編著《呂氏春秋彙校》。

1935 年 9 月

《章氏國學講習會》正式開學，由章太炎講述通論之部，聽者近五百人，濟濟一堂，寄宿學會內者，有一百餘人，盛況空前。爲更好培育青年學子，後來學會增設預備班，設在蘇州侍其巷十八號，章氏的雙樹草堂內。收高中程度學員五十名，學習一年，均寄宿班內，由章師母任班主任，沈延國任教務主任，王乘六任訓育主任，徐復任總務主任，三人也住班內，除兼課外，對學員嚴格教育。

制言社同年籌設，9月16日《制言半月刊》第一期發行，《制言》共出六十三期。章太炎計劃把制言社的主編、編委委任門弟子擔任，但任編委主編，有老、中、青三者，而編委會爭論不休，章先生聞而怒斥之，當場宣佈解散編輯委員會，自任主編，指定孫世揚、潘承弼、沈延國三人爲編輯。章先生逝世後，仍由三人來負責。

1936 年 6 月 14 日晨 8 時章太炎逝世。

章太炎去世後，按照章先生的遺願，章氏國學講習會繼續開辦。組織了董事會，推馬相伯任董事長，章夫人湯國梨任理事長。講習會有章太炎老友沈瓞民、朱希祖、汪東、沈延國等。

編輯《太炎先生著述目錄初稿卷》，署潘承弼、沈延國、朱學浩、徐復（《制言》第 25 期）。

1936 年 7 月

大學畢業（文學士）。

1938 年 8 月

配合章太炎先生的夫人湯國梨等前輩，在上海籌建《太炎文學院》，任教務長，並主講中國文學課程。同時，兼任蔣竹莊先生的誠明文商學院、王培蓀先生的南洋中學的國文教師，當時受楊剛大姐的影響，增加新民主義教育的內容，深入淺出的講解，深得學校、家長、同學的贊許。

1939 年 7 月

太炎文學院停辦。

1939 年 2 月

先生返回母校光華大學，擔任中國文學系教授兼教務長職務。在歐陽路復校的艱難日子裏，獻出了不少精力，使學校蒸蒸日上，初具規模，設有文、理、工諸學系。任職至 1949 年 10 月。

　　因日本帝國主義侵佔上海，學校不願向敵偽登記。被迫中斷，專辦成都光華大學。因爲少數學生無力赴四川成都肄業，擬在上海修畢課程，于上海成都路設格致理商學社，在漢口路原址設誠明文學院。蔣維喬、耿談和、孫貴定、姚璋、沈延國等負責誠明。兼職由 1940 年 2 月至 1950 年 2 月。

　　1946 年 6 月

　　《記章太炎先生》一書，由永祥印書館出版

　　1946 年 4 月

　　愛國人士潘以三在共產黨授意下，開設上海長江商行，先生擔任該行董事兼秘書，長江商行實爲上海通向蘇北解放區輸送醫藥用品的一條地下運輸線，先生雖在教育工作百忙中，還曾跟隨潘以三先生親奔赴蘇北解放區協商事宜，作出有益的貢獻。並動員上海亨利肥皂廠老工人赴解放區辦肥皂廠，並組織光華大學化學系辦小型消治龍（磺胺）廠，輸入解放區。任職至 1950 年 3 月。

　　1949 年 11 月

　　上海兄弟圖書公司任總編輯。至 1950 年 6 月。

　　1950 年 3 月

　　上海市建設中學，任校長。

　　1953 年 12 月

　　上海市市東中學，任語文教師。

　　1967 年 9 月

　　上海市海濱中學，任語文教師。

　　1973 年 1 月 1 日

　　退休回蘇州，除致力整理古籍外，同時擔任滄浪區退休科技工作者協會理事。爲創辦《東吳業餘科技進修學校》出了大力，一面擔任付校長職務，一面在學校專門設了《古籍整理研究班》，舉辦了三期，結業學員中有的已升入大學研究生班，圖書館古籍部等，頗有聲譽，深得各界人士的贊許。

　　爲蘇州市、上海市、浙江省政協文史資料方面，編寫了很多屬於搶救的資料，在政協文史專輯中陸續發表。

　　1984 年

　　參加《章太炎全集》的校編工作。

　　1985 年

　　11 月 3 日（陰歷九月二十一日）18 時三刻，不幸因病去世。

　　先生平生著作甚多：

　　1、與楊寬合撰《呂氏春秋集解》

　　2、《鄧析子集證》

　　3、編校《章太炎全集》，第一冊中撰有《膏蘭室紮記校點後記》和第六冊《管子餘義校點後記》、《廣論語駢枝校點後記》、《體撰録校點後記》。

　　4、《逸周書集釋》

　　5、編校《周易證釋》

　　6、《章太炎傳》

　　7、《章太炎與魯迅》

　　8、《吳下集林》

　　9、《記章太炎先生》，永祥印書館，1946 年 6 月初版。

　　10、《記蔣竹莊先生》，常州文史資料。

　　11、太炎傳存稿，整理後給蘇州文史至今未刊。

　　12、與蔣維喬、楊寬、趙善詒合著《呂氏春秋彙校》，中華書局，民國 26 年 2 月初版

　　等等七十餘篇。

（沈宗文整理）

四、沈延發先生（1915-2001）生平事跡

沈延發，男，號子周（1915-2001）籍貫杭州，蘇州市周易研究會創辦人，原蘇州市周易研究會會長。

先生係北宋傑出科學家、政治家沈括(1031-1095)之後裔，出身於易學世家。祖父紹勛，號竹礽(1849-1906)，易學大師，著有《周易易解》、《沈氏玄空學》等著作。父親沈祖緜，號瓞民（1878-1969），近代易學大師係辛亥革命元老，因反清曾流亡日本九次，從事講學和著作七十餘年，解放後，聘任爲中國科學院歷史研究所特約研究員，一生著作一百餘種，其中以《三易新論》爲巨著。先生自幼隨父學易，並從國學大師章太炎、易經氣功大師蔣維喬爲師。1940年畢業於上海同濟大學土木建築專業，畢業後專治設計，對給排水、煤氣亦專長。曾工作於上海、北京、天津，奔波於祖國西南、西北、東北各地，參加重慶、云南、北京，錦州等重大規劃設計。1960年任高級工程師，1977年由天津建築設計院退休返蘇。退休後，繼承祖業，潛心鑽研易學，以弘揚易學爲己任，古爲今用，將古代易學與現代科學相結合，有著作三十餘種，其中《易學新論》、《沈氏玄空堪輿學》均有獨特見解。《易學新論》引用九宮五行平衡學理，創造27個平衡傳輸公式，應用於新易學，是一種創新成果。並以陰陽平衡學理，得出二進制 $N=2n\pm P$ 公式。《沈氏玄空堪輿學》爲古代建築設計的主要理論要書，可應用於城市規劃、小區規劃、園林設計、陰陽宅佈置等，爲一本堪輿學上不可多得的實用書籍。

1988年創辦蘇州周易研究會（當時隸屬於儒學研究會），任會長，並與副會長王也六先生（會任蘇州市統戰部部長）在市老年大學設課開講。1993年，應香港東方文化學會邀請，在

香港理工大學作堪輿講學三次，並踏堪香港山川，提出"大嶼山是明日香港的興旺地"。由於是沈氏嫡係，一時轟動香港堪輿界，凡易學人士不分門派，爭相前來聽講，座無虛席，頗獲好評。同時，在香港成立國際沈氏易學總會，任研究會會長。1995 年，由於國際交往的需要，成立蘇州市周易研究會，與美、日、臺、加等友人均有學術交往。

蘇州市周易研究會成立後，先生任會長，並親自授課，開班《六十四卦卦解》、《周易預測學》、《沈氏玄空堪輿學》等課。由於講課通俗、深入淺出，將深奧的古代周易用簡表和現代語言表達，使人易學易懂，頗受會員歡迎，當年會員即有近百人。除開班講課外，每月定期活動，一年八次風雨無阻，會員們積極性很高。自先生 2001 年逝世後，會員們遵照先生遺志，繼續以弘揚易學爲己任，活動按期進行，互教互學，收效甚佳。周易研究會成立迄今已十七年，由於會員們的不懈努力，如今已培養和造就了一批易學人才。

先生一生爲人正直，作風正派，生活儉樸，平易近人，經常告誡會員，做人必須"心正"、"講德"，做好人才能學好易，才能事業有成。

退而不休，25 年間始終以弘揚易學爲畢生事業，爲易學界作出一定貢獻。

先生曾提出"二十一世紀易理將在全球推廣應用，此爲造福人類，積德善事也"，"二十一世紀理應由東方人爲全球人類做善事的創舉，一定能取得很大成就"。不久將來周易一定能在全球推廣應用，造福人類，這就是沈延發先生最大的遺願。

2005 年 9 月 20 日

（沈延發先生夫人馬毓英著，刊《沈氏玄空堪輿學》，有刪改）

前言　風水之謎

　　人類先祖堪天輿地，總結出風水、玄空學的規律，經過幾千年的發展，被人們掌握，並運用於生活實際。但爲什麼陰陽之宅外在環境、朝向、格局、立宅的时间會影響到後代或居住者的生活，並有吉凶之分。其內在的道理因由，是要深入研究的奧秘。正因爲人們对此還沒有明瞭，而被垢病爲"迷信"。

　　世界上許多事物人們總是先觀察、實踐，爾後總結歸納出其規律，此爲"知其然"。然後經過長期深入研究，才能知其規律內在的因由，此爲"知其所以然"。先"知其然"，後"知其所以然"，是人類認識事物必然的兩個階段。先"知其然"依規律行事、生活，並非"迷信"，而是人們遵崇實踐、遵崇規律。"知其然"後，再去追尋探究"其所以然"。

　　正如人們先熟視蘋果從樹上落下，爾後直到牛頓發現了萬有引力，並知其規律 E=mc2，人們才知重力使蘋果落地的"所以然"。人們觀察到太陽東升西落，一天有晝夜之分，一年有四季之分。爾後，人們知曉知地球有自轉並繞環太陽而轉，才知太陽東升西落，地球有晝夜之分、四季之分的內在道理，"知其所以然"。

　　掌握了萬有引力，人們甚至可測出太陽系行星的運動軌跡。也正是地球在太陽系中受太陽、其它行星、月亮引力的作用，才造成依時間變化及地球在太陽系運行軌道中不同的空間位置。各星球對地球處於不同位置的引力影響各有不同。最明顯的一例是錢塘江潮汐。每年農曆八月十六日至十八日由於太陽、月球、地球幾乎處於一條直線上，地球受天體引力最大，地球自轉的慣性離心力也最大，加之錢塘江特殊的地理位置、地形特點，造成壯觀的潮汐。人們發現其中有幾大因素：天体之間的萬有引力、地理環境、特定的時間。而這三大因素也正風水學中玄空理論的基礎。人受宇宙天体影响是浑然不知的，坐地日行八万里，时速高达 1600 公里，不可想象。

　　過去常有一疑惑，每朝代皇室的墓陵對地理環境、風水如此考究，按理應保皇朝子孫萬萬年。但唐 202 年，北宋 167 年，南宋 152 年，元 89 年，明 276 年，清 250 年，沒有超出三百年的，各朝鼎盛期也只不過七、八十年。如錢塘江之潮，星辰運行規律，萬有引力的影響，這其中時間變化是最大因素。從數學角度看，世上萬物皆是時間的函數。而這正是風水學中玄空理論的奧秘。玄空學將時間列入考查風水的重大要素。玄空學有九運 180 年一個大周期，每運 20 年，每個位置分成 24 個山向方位，受到的影響都是各不相同的，即有好壞、吉凶之別。每運每個山向維繫的影響的年份從 160 年、120 年、到 20 年各有不同。再好的地理環境上的風水也會依時間而變。這也正解釋了為什麼各朝代皇陵如此好的風水布局也不能保住萬萬代。所以星辰學，星辰按時間運行的規律、星辰之間萬有引力的影響，是玄空學中風水，按時變化內在的原理，是玄空學宏觀上的“所以然”。

　　風水學中的精華正是掌握人類處於宇宙星體的影響、地球上自然環境的影響的規律。而天人相應正是風水學的追求。

　　從微觀上講，現代量子力學研究的是微觀物理世界中的不可分割的最小單位——量子，這同研究宏觀條件下的牛頓力學經典物理有別。量子力學的理論中，兩個粒子（量子）經過短暫時間的彼此耦合接觸後，如兩個粒子在空間上分開，如攪動其中一個粒子，必易影響到另一個粒子的動態、性質。此稱為量子糾纏。目前此理論已由實驗證明為確，並且在百公里的距離已獲取量子糾纏的事實。這將改變未來不久的通訊工具，從目前的電子無線傳送，到更高一級的量子無線傳送。那麼這是否能解釋了由基本的個體量子構成的兩個人，經過身心的接觸後，必會在一定時間、一定的距離有相應的感應，而這種感應的強度，必會受到環境、方位的影響。好的風水，好的環境、方位的陰宅中的故人，會對後輩有好的影響。同時人是由千萬億的粒子構成的整體，家族的 DNA 對後代的影響早已顯見。那麼量子理論是否會解決為什麼 DNA 對後代人影響會有強弱的差異？隨着量子力學的研究和實驗的深入，是否對幫助我們破解風水、玄空之迷？讓我們進一步掌握風水、玄空的微觀上的 "所以然"。

仰望星空，我們看到的燦爛星光大部分源自距離在十億光年距離之外。（1 光年是光以每秒近 30 萬千米走一年的路。）映入我們眼簾的星光，從時間上講，已在茫茫宇宙飛奔了十億年。我們見到的星光從時間上講無比、且不可想象的古遠。那麼我們接到的信息是十億年前的。同樣的，我們現在的地球的信息會在十億年後被十億光年之外的某星球的生命所接受。從某種意義上講，地球上的人類和萬物的信息也是永存的。

那麼我們按照風水學、玄空學的原理，按時間、方位、地理位置找到了好的風水，會怎麼樣呢？對風水不可迷信，無德之人即有寶地仍不可得福蔭。沈氏曾祖的學生問："如公不守秘密，玄空之術大明於世，後人按圖立向，富貴家得地更易，而作威作福者舉世皆是，何以弭之？"曾祖答曰："得地首在積德，若子孫不能積德，終遭天譴，予生平目击者有六。"（《沈氏玄空學》卷二《論秘密之繆》）並舉例說明：一爲錢塘五姓，一爲上虞北鄉某，一爲杭州西溪某紳，……皆得吉地，但子孫多行不義，終喪丁財，敗家。後人不積德，風水再吉，也不能保。

　　仰望茫茫星空，我們對浩瀚宇宙，除太陽系外，知之少而又少；人類對腳下的地球知之甚少；人類對人類自身生命也知之甚少，我們從何而來，生命在我們人體是如何精細運轉的？雖然人類在不斷的研究發展，我們接受、收集、分析信息的手段能力還是有限的。因此對人類而言，面對宇宙、自然、自身，未知是無限的，而已知是極其有限的。需要我們不斷探索。

　　因此，我們要敬畏宇宙，敬畏自然，敬畏未知的世界。

第一章　風水概論

風水又稱堪輿，堪天輿地，或稱青囊、青鳥、地理、相宅、形法。在中國傳統文獻《詩經》、《尚書》均有文章記載，記述古代先民居住地選址及國都、城邑的規劃。由於歷代帝王建都均應用風水，因此風水學也一直稱爲"帝王之學"。北京紫禁城（故宮）的全部規劃即是一個典例。

英國科學史家李約瑟（JOSEPH NEEDHAM）在《中國的科學與文明》中，高度評價風水學："風水理論包含着顯著的美學成分和深刻的哲理，中國傳統建筑法與大自然環境完美和谐的結合，令中國的建築文化美不勝收。風水理論實際是地理學、氣象學、景觀學、生態學、城市建築學等等一种綜合的自然科學。重新來考察它的本質思想和具體技術，對我们今天來説，是很有意義的。"又説："在許多方面，風水對中國人民有益的，如它提出植樹木和竹林以防風，強調流水近於房屋的價值。雖然在其他一些方面十分迷信，但它總是包含着一種美學成分，偏及中國的田園、住宅、鄉鎮之美，不可勝枚，都可由此得到説明。"

第一節　從考古發現看八卦、歷法與風水起源

從現代考古發現中可見中國傳統文化中從八卦、《易》到風水學的發展脈絡。

1977 年安徽省阜陽縣"雙古堆西漢汝陰侯墓"，發現"太乙九宮占盤"，占盤中刻有八卦及五行屬性和排列圖，含有《河

圖》和《洛書》。《河圖》、《洛書》衍化出風水學。

《周易・繫辭下》說伏羲"始作八卦"。伏羲氏、燧人氏、神農氏不一定指具體一個族，而代表一個大的時代。

《帝王世紀》中說伏羲氏始作八卦，後夏人繼承炎帝之《易》，稱《連山易》，殷人繼承黃帝之《易》，稱《歸藏》，周文王又在此基礎上發展爲《周易》。

文獻記載，八卦的發現早到伏羲氏、炎、黃帝時期，原學術界多將此視爲傳說。但建國後考古在安陽殷墟發現八卦的重卦，山東朱家橋殷代陶罐上有損卦（兌下艮上）。江蘇海安縣青墩遺址中出土的骨角、鹿角枝上有易卦刻文八個，例如三五三、三六四，艮下，乾上屬遁卦；六二三、四三一，兌下，震上屬歸妹。此遺址木樁碳十四測定發現易卦下文化層距今5035±80年。

八卦起源很早，可上推至原始社會的末期，用八卦定吉凶，也用於卜地建城。

在殷商甲骨卜辭中就有不少因修造而占卜的記載，如："己卯卜，爭貞：王作邑，帝若，我从，茲唐。庚午卜，丙貞：王勿作邑在茲，帝若？貞：王作邑，帝若，八月。"（《丙》86）文中"爭"、"丙"是占卜者的名，"貞"義爲問，"若"爲順、允許。

實際上商人的幾次大的遷都和作邑主要是因部落戰爭、地理氣候、水草資源、自然災害等政治、經濟因素。甲骨卜辭中的反復卜問，僅是爲最後決斷的佐證，說明占卜只是輔助因素。

第二節　中西文化中的建築與風水

　　建築與景觀規劃中所言"風水"，從字面講，風爲流動的氣，水是大地的血脈，風與水是萬物生長的依靠，有風有水，便有生命。

　　"堪輿"見於《漢書·藝文志》中《堪輿金匱》一書。"堪"是天道，高處。"輿"是地道，低處。"堪輿"是研究天地之道，將天文、氣候、地理、水文、生態環境綜合進行選擇陰陽宅及城鎮環境的藝術之中。

　　風水學是指導人們如何選擇吉祥環境、營建與環境相協調的房屋、城市、墓地的學問。

　　西方的地學觀念認爲天、地、水是無生命的無機界。但中國傳統的地理思想與之不同，認爲天、地、生物、人各大系統之間組成一個整體的大自然，有循環、新陳代謝的大系統。李約瑟曾總結説："事實上古代和傳統的中國思想體系是否僅只是迷信或者簡單地只是一種'原始思想'，還是其中也許包含有產生了那種文明的某些特征性的東西，並對其他文明起過促進作用。""在希臘和印度發展機械和原子論的時候，中國則發展了有機的宇宙哲學。"

　　正如當代耗散結構理論的創始人普里戈津（I·Prigogine）總結："西方的科學家和學術家習慣於從分析的角度和個體的關係來研究觀察。而當代演化發展的一個難題，恰恰是如何從整體的角度來理解世界的多樣性的發展。中國傳統的學術思想是着重於研究整體性和自發性，研究協調與協同。"

　　中國傳統的地理學、風水學正是把天地、生物、人，"天人合一"、"天人相應"釋作有機地協調關係的學說,是整體論,是系統論。

西方的文明建立在分析、抽象、歸納、演繹等邏輯基礎上的思維方式與觀察、實驗、取樣、分析等科學方法。另一是東方的文明,爲取象比類、心物感應、象數理氣等的思維模式,從整體的有機的觀點來認識天、地、人、生物之間的關係。

中國建築在古代文化中也可歸爲"器"。宋代易學、風水大師邵雍曾論述器與象數、神的關係,建築不僅是一個器物、物境而是含有融匯文化內容的事境、情境、意境。

原科協主席錢學森大力提倡"建立現代地理科學系統",號召要研究"天、地、生、人的相互關係",提出"地理科學是開放的複雜巨系統"。這些精辟的見解,揭示了現代地理科學應是把握整體,從細致分科到更高層次上向綜合化回歸的研究道理。

錢鐘書《談藝錄》曰:"東海西海,心理攸同;南學北學,道術未裂。"宇宙和人類本是一個整體,古今中外學理皆不可分割的。

第三節　風水也即建築文化

中西方建築文化的區別在,中國的建築文化是以人本爲主。正如前西南聯合大學中文系主任、北京大學羅庸教授在 1942 年即説:

"中國建築在中國文化上有極重要之地位,如看西洋中世紀以前的建築(如羅馬教堂),往往使人感覺宗教之崇高而自己的渺小,至近代的紐約建築則予人以壓迫的感覺。中國建築反之，中國建築予人之感覺則以人爲主、以物爲賓。任何建築似均可玩之於掌上者，尤以色澤之調和，富藝術之价值，如故都宮殿，牆基白色，上爲紅牆，再上爲紅柱黄瓦，給予人玲瓏美麗之感。"

中國古代傳統的地理思想認爲天、地、生物、人各大系統組成爲一個整體性的大自然，有新陳代謝、整體有機的系統。

西方科學家、學術家習慣從分析角度和個體的關係，將問題分解爲盡可能小的部分來研究觀察。而中國傳統思想着重於研究整體性和自發性，研究天人的協調、協同。中國傳統地理正是調節人與天地之氣和諧的學術，是人與環境溝通的活的科學。

儒家文化表現有三個層次：

一是精神層次。以"仁"爲核心，用氣場將天、地、人聯繫起來。

二是禮俗層次。以"禮、樂"爲核心，囊括節日活動、飲食文化、服飾等等。

三是宅、邑、鄉鎮、城市等人類居住地的風水文化。祭祖是儒家敬天尊祖的文化。故僅敦煌出的風水書有唐代《宅經》中的《孔子葬經》、《文王葬經》。宋代《地理新書》中的《孟子葬經》、《馬融葬經》、《鄭康成葬經》等。

第二章　中國古代風水的基本論述

中國風水的三個前提：

（一）所選的地點比其他地點更有利於建造住宅或墓；

（二）吉祥地點按風水原則考察而得；

（三）此地點有利於生活在此的人，或埋葬在此地的後人。

古代人風水的基本原則，背山、臨水、向陽：

（一）背山。選擇的地勢（形勢），一般以馬蹄形的山凹，以山丘為背靠，地勢乾燥。避免冬有北方劣風，夏有陰風。

（二）前臨水，有開闊之地（明堂）。

（三）向陽方位。一般是朝南向陽，保證居地乾燥。民間有說法戲陰向南略偏向西更佳。

玄空學中有上、中、下元，九運各有好的山向方法。

"風水"一詞的古代記載

"地理"一詞見於文字的最早記載，在《易·繫辭上》"仰以觀天文，俯以察於地理，是故知幽明之故。"

周禮》記載，《易》有三種，夏《連山》，商《歸藏》，周《周易》。前兩失傳。殷周之際，周文王推演伏羲八卦，而成六十四卦。戰國後期的儒家後學解經成《易傳》，為《周易》的組成。

《周易》中有風水理論的基礎：天人合一、陰陽、吉凶、方位、氣等觀念。

《易經》説："定天下之吉凶，成天下之亹亹者，莫大乎蓍龜。"先有龜卜，後有蓍筮占。

《河圖》生成數："天一生水，地六成之；地二生火，天七成之；天三生木，地八成之；地四生金，天九成之；天五生土，地十成之。"

《易經》貫穿天人合一的理念，陰陽平衡的思想。

《易・説卦》指出氣的來源和作用："天地定位，山澤通氣，……山澤通氣，然後能變化，既成萬物也。"

天陽地陰，天地陰陽在山澤產生的氣，是萬物之源。

山澤之地是人類安全居住之地，是動植物資源豐富之地。

風水學的兩個系統：

第一個系統是"形法"，注重陰陽宅周圍的山水形勢和宅的外，論得失吉凶。

第二個系統是"理法"，如《沈氏玄空學》，按時間變化，選擇山水方位。

形法與理法的關係：

體用並重：

巒頭體也，理氣用也。先天陰陽對待立體之卦體也。後天玄空往來致用之卦用也。體無用不靈，用無體不驗，然體立而後用行。倘得體而不得用，猶播種不得其時，雖土質肥沃，斷無發生之理。若得用而不得體，又如瓦礫之場，雖陽春滿地，亦不堪栽植也。

巒頭爲體，爲土壤肥沃。理氣爲用，爲種植合時。

風水的要素：（1）氣；（2）氣流；（3）光；（4）水；（5）方位（與時間有關）；（6）人體場。

風水形法中的主要概念：

1、龍，即爲山脈。山的形態及山裏生氣、流動形態對風水穴的影響。《地理正宗》"龍"有"支"和"壠"兩個不同部分。

"壠是龍身上（山）的前頭，而支是龍身上的肉，因此，葬在龍骨頭（岩石）上不如葬在龍肉（土）裏吉利。""重山（寸草不生的石山）爲凶山。"

2、砂，穴及基址，前後左右的山叫砂。龍與砂爲主從關係。砂對穴、基址起護衛生氣的作用。

玄武、朱雀、青龍、白虎皆爲砂。

（1）玄武。穴後的主山。應向風水穴垂頭，即自主峰漸漸向下連接，葬處，接納死者。

（2）朱雀。穴前之山，有雀翔舞之吉祥象，山形俏麗秀拔，水勢和順婉轉。前有靠近穴位的案山和稍遠的朝山。

（3）青龍。位於穴左側的山脈，取象頭近穴位的蜿蜒遊動之龍。尾部低於頭部。

（4）白虎。位於穴右側的山脈，白虎山號言虎，但取象低頭馴順伏臥主人旁的狗

3、水，《葬書》經曰："氣乘風則散，界水則止。"吉祥之地前必有寬、緩、舒展之水。水道宜交匯於風水穴前的平臺——明堂之處。

吉地的選擇原則：

（1）、龍：來龍從大到小，從遠到近，山脈形貌秀麗。由主山、後玄武，到左青龍，右白虎，到前朱雀的案山、朝山。

（2）、水：吉地之內有平緩之明水，有良好之地下水。

（3）、風：沒有入之劣風。

（4）、土：穴位應有優質土壤，結構堅實。

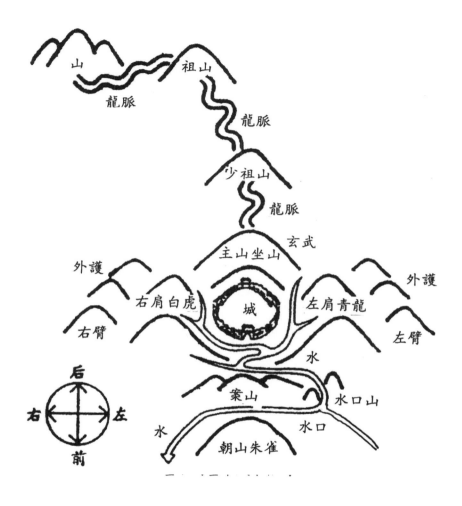

1、祖山：基址背後的起始山脈。

2、少祖山：祖先之前的山。

3、主山：少祖山之前，基址之後的主峰，來龍山。

4、青龍：基址左的山峰，左輔，左肩，左臂。

5、白虎：基址右的山峰，右弼，右肩，右臂。

6、護山：青龍及白虎外側的山。

7、案山：基址前隔水的近山。

8、朝山：案山之前的遠山。

9、水口山：水流去處的左右兩山。

10、龍脈：連接祖山、少祖山及主山的脈絡山。

11、龍穴：主山之前，山水環抱的基址中央。

第三章　歷代風水之書

秦漢時期的風水思想和風水家。

（一）《黃帝內經》中的風水思想

《內經》是對先秦以來醫學理論的匯集，其陰陽五行理論貫穿全書。天人相應、天人合一的思想是其根本觀點。其對古代社會衣食住行各方面影響巨大，包括風水理論。"人之合於天道也，內有五藏，以應五音、五色、五時、五味、五位也；外有六府，以應六律，六律建陰陽諸經而合之十二月、十二辰、十二節、十二經水、十二時、十二經脈者，此五藏六府之所以應天道。"（《內經·靈樞·經別》）説人天相應、人與天地相應。人與天地環境相應是風水理論的基礎。

人天相應是有機系統的觀念，人體是由各種系統組成的有機結構，這些系統由相互獨立的各個組成部分構成，這些組成部分只有在這個系統中才能具有自己的機能和屬性。

人的生理結構是天地陰陽的縮影。頭對天，足對地，十二月對十二經脈，三百六十日對三百六十根骨節，四季對四肢，五行木、火、土、金、水對應人的五臟：肝、心、胃、肺、腎，六律對應人的六俯。

人的氣血運化，也應支配天地自然界的陰陽五行理論支配。運用陰陽理論才能對疾病的認識和治療比較徹底。

《內經》中提出氣的概念有19篇之多，如《四氣調神大論》、《生氣通天論》等。

（二）《淮南子》中的"天人感應"理念

《淮南子》是漢高祖劉邦之孫淮南王劉安及門客編寫的，成書於漢武帝建元二年（公元前 138 年）。

《淮南子》認爲天人感應是神氣相通，是天人之間純粹的自然感應。人是自然的一部分，因此人與環境是統一的，人的壽命、性格、動作、聲音、體重等由天、地環境決定。

《淮南子》中提出元氣的概念，構築了以《老子》自然觀爲基礎的陰陽、四時、五行爲框架的宇宙模式。

將干支、五行與十二月份產生配對關係，提出擇日術——建除。以每月節氣交換後的月建之日，臨值的地支起建，確定日辰的吉凶。吉日爲逢除、危、定、執、成、開的日子，凶日爲逢建、滿、平、破、收、閑的日子。

提出"宅不西益"，房子建好後，不要向西擴建。後又有"不東益"，使房子只能南北向擴展，進一步提出堪輿學說。

（三）董仲舒著《春秋繁露》中的風水思想

《春秋繁露》提出"厭勝"的風水術語："凡天地之物，乘以其泰而生，厭於其勝而死，四時之變是也。"厭勝就是討厭相勝，厭相剋。

提出"土"中居中，"黃"爲貴的理論。土是金、木、水、火的中心，天之股肱。土者五行之本，甘者五味之本。

董爲漢武帝時期影響最大的思想家。董用陰陽五行思想解釋儒家理論。"天人相與"即"天人合一"是董在《內經》和《淮南子》天人感應基礎上提出的。

董有"天、地、人、陰、陽、金、木、水、火、土"十端理念，認爲天有神靈之天、道德之天和自然之天。

從神靈之天角度，上天會懲治、監督君主的過錯。

從道德之天角度，爲君主建立統治基礎的"三綱五常"。三綱爲君、臣、父子、夫婦關係的法則。"仁、義、禮、智、信"爲以五行維系爲基礎的道德規範。

從自然之天角度，董在《尚書》基礎上爲五行重新規範了相生相勝的次序，木、火、土、金、水，木五行之始，水五行之終，土五行之中。木居左，金居右，火居前，水居後，土居中央。

宇宙論、天人合一的思想在漢朝意識形態中確立地位，形成漢文化。漢文化源於：一是國的宗法血緣倫理觀念的和諧氣氛。二是秦代西部遊牧民族的强悍作風。三是劉邦政治集團帶來的長江流域楚地的自由奔放之風。

（四）《乾鑿度》中的風水思想

《乾鑿度》是西漢末年保存完好的緯書，發展了先秦八卦的方位說。

（五）《論衡》中的風水

《論衡》是東漢王充爲駁斥風水之說的著作，但從中反而可見當時流行的風水思想。如圖宅術，以神靈預言擇日建宅，以五音對應的姓氏而建宅地。

下面介紹幾位風水思想先驅的人物：

（六）樗里子

樗里子是戰國時期秦國名將，秦惠文王的異母弟，他提出"葬地旺說"，他去世之前預言："後百歲，定當有天子之宮夾我墓。”果然，日後長樂宮在其墓東，未央宮在西，武庫正對其墓。

（七）孟喜和京房

孟喜，西漢末年易學家，得《易家候陰陽災變書》，以陰陽災異解《周易》。孟以坎震離兑分別對應四方四時，用二十四爻對應二十四節氣，並根據《月令》加入七十二侯占驗吉凶。

京房也是西漢易學家，提出納甲、八宮、世應、飛伏、五星、四氣等占驗的方法。

孟喜和京房是探索理氣風水的先驅者。

（八）青烏子的《青烏先生葬經》

東漢應劭的《風俗通》中記載有青烏子的記載。在後人晉郭氏《葬書》引經爲證。

（九）晉郭璞（景純）的《葬書》

《四庫全書總目提要》言，晉郭的《葬書》其術盛傳於東漢之後，但從《宋志》載有《葬書》一卷，其書始出。所以有人認爲此書乃宋朝所作。現存於爲明洪武刊本《葬書釋注》爲最早。後宋朱熹的學生蔡元定整理，再後元吳澄又整理爲《葬書》內、外篇、雜篇。

《葬書》提出了生氣説：

“氣乘風則散，界水則止，古人聚之使不散，行之使有止，故謂之風水。”“風水之法，得水爲上，藏風次之。”

大地生氣説，人居環境應從以下幾個方面考慮：

（1）、人的氣場與住宅氣場、環境氣場之間關係。

（2）、決定住宅村落、城市的位置和朝向。

（3）、選擇營建時間。

（4）、決定建築物和城市空間的安排和布向。

《葬書》認爲：

1、某地爲何吉祥。人可通過好的環境，將生氣聚止於此。

2、人要利用地之生氣，福蔭後人。但關於生氣的運用機制和如何將生氣傳遞給子孫後代，並未討論。人們僅憑直覺觀察和世俗信仰，相信此點。

五個論點：

（1）乘氣説。陰陽協調，五行得當，氣運暢達，流轉方便。

（2）藏風得水説。避劣風藏良風而近水，爲堪輿的標准。且有得水爲上，藏風次之之説。

（3）形勢説。居住環境的形勢。形爲基址附近的地形地貌。勢爲較大範圍的山川地勢。

（4）四靈説。青龍、白虎、朱雀、玄武四祥神獸對環境的影響。有左青龍，右白虎、前朱雀、後玄武。

（5）方位説。

（十）《呂氏春秋》的陰陽五德學說

秦始皇上臺後推行《呂氏春秋》的陰陽五德學說，宣布秦代替周，即以水德代替火德。秦崇水德，尚黑。官員、百姓着裝、旗幟皆黑色。與水對應的數字六爲規格，冠六寸，車輿六尺，六尺爲步，乘六馬，……水主陰，陰主苛法刑殺，秦推行屬法酷刑。焚書坑儒時，涉及陰陽五德學説的卜筮、醫藥等書不在燒毀之列。

（十一）唐楊筠松的形法理論

唐代楊筠松曾爲唐僖宗朝國師，著有《都天寶照經》、《撼龍經》、《望龍經》、《疑龍經》、《天元烏兔經》《青囊奧經》等。楊特別看重分析地表、地勢、地物、地氣、土壤及方向，因地制宜，因形選擇，觀察來龍去脈，追求優美意境。形法理論肇於楊筠松。其著述爲後世風水家所推崇。

楊著名弟子有曾文辿、劉江東、廖金精。

（十二）《催官篇》是形勢派和理氣派分野的標志

作者北宋末年賴文俊，在楊筠松形勢派理論體系下展開，提出方位理氣之法。主要觀點：二十四天星的理論體系，即將二十四山向與二十四天星對應，使陰、陽宅的方位與天之吉星對應，達到人的內心的理氣。

賴氏運用先天八卦九宮圖和京房納甲説，劃分了二十四山之的陰、陽龍。

第四章　沈氏玄空學

香港曾有"風水馬"之稱的馬仁驥師傅，當代著名"風水師"李居明先生欲拜馬爲師。馬師傅拒絕收徒，只告之其看《沈氏玄空學》一書，以沈氏書爲師即可。（見李居明《風水之道》引子）

筆者祖父沈祖緜（瓞民）將曾祖父沈紹勳（竹礽）玄空秘籍匯總公布於世，造福世人。

但對風水不可迷信，無德之人即有寶地仍不可得福蔭。

曾祖父學生問："如公不守秘密，玄空之術大明於世，後人按圖立向，富貴家得地更易，而作威作福者舉世皆是，何以弭之？"答曰："得地首在積德，若子孫不能積德，終遭天譴，予生平目击者有六。"（《沈氏玄空學・卷二〈論秘密之謬〉》）並舉例說明：一爲錢塘王姓，一爲上虞北鄉某，一爲杭州西溪某紳，一爲蘇州七子山下某姓，一爲寧波阿育王寺附近楊姓，一爲嘉興陳善人。皆得吉地，但子孫多行不義，終喪丁、財、敗家。後人不積德，風水再佳也不能保。

第一節　沈竹礽及沈瓞民的玄空著作

（以下介紹的沈氏玄空著作僅限於筆者所收集，恐有遺漏。）

1、《地理辨正秘訣》沈紹勳（竹礽）著

現見到的爲臺北文翔圖書股份有限公司 1992 年 3 月的再版本。原書名爲《地理辨正抉要》沈紹勳著，凡四卷。但原書定本已佚。祖父沈祖緜歷年尋求僅得三卷，分別集自于傅叔穌先生、曾廉泉先生及曹秋泉先生三位的手抄本。從書後校讀記之一、之二看，此書於民國二十六年（1937年）刊印。

此書內容原自蔣大鴻著《地理辨正》，采楊、曾諸書。以形象言而論，實較他家為勝，惟句句為歌訣似謎語，令人易入殊途。蔣的注雖有見地，但仍誤解天機不可洩漏，未將諸要訣注出，又不將玄空用法一一告諸示人。致後人偽說百出。然始作俑者為楊筠松，不知此係九宮之術，已盛行于漢時，何必妄作歌訣。不以正宗使人聰明。沈紹勳的注，正是還以其玄空本來的九宮基理，將玄空用法一一告諸於人。

2、《沈氏玄空學》沈紹勳（竹礽）著

見到的版本為金剛出版（集團）有限公司印行於1976年。從此版本載的原序、重編序可知，此書至少曾於1925年、1933年兩次編印出版。臺北金剛出版（集團）有限公司印行本出自李蜀渝先生手中原本。李先生空軍退役後任機械工程師，業餘精研堪輿之術。"讀玄空學凡六種之多，惟沈獲蔣大鴻先師之秘旨真訣，加以獨特之見解與發明，故《沈氏玄空學》最為精緻完美，再無出其右者，可謂為集玄空之大成。近代之玄空著作多沿于沈氏者，惟患挂一漏萬之弊。為發揚我中華固有文化，並保持其全真，未敢隻字隱秘，遂將原著交由集文書局出版。"（看來金剛出版（集團）有限公司的版本源於此）。以上為李先生將手中原書交出版社刊印的原由。

李先生自述一事，頗為稱奇。其子出生後患小兒麻痺殘疾。其子出生之前廿年，有一高僧臨寨化緣。稱李家祖塋被破，廿年後如所生子，無論年月日時干支，倘與被破的山之乙辛兼卯酉不幸相同者肢體必傷殘，但仍屬奇才，日後成人，當多貢獻社會等語。其時祖父驚愕問故，高僧曰：「五里坡下山石被采破耳。」原來五里坡有李家祖塋，其山石被采，做為廠房基礎之用。其所伐山石後成洞狀，竟與廿年後，所生子下腹右方肌肉萎縮形成的洞狀相若無異。至此，李先生更立志研堪輿之學，未曾廢弛。

如前《地理辨正秘訣》導讀中所述，正因為沈氏先祖正大光明揭示堪輿奧秘，將玄空之法一一告之於眾，以天下為公，造福於世為宗旨，故所有不願先祖著作埋沒於世，出版刊印者，皆遵先祖為師。凡從《沈氏玄空學》得堪輿宗旨者，也皆在其著作中明示，其所用理論來自《沈氏玄空學》，並專辟章節，介紹《沈氏玄空學》。此種現象與當今學術界一些人抄襲成風，偷竊他人成果，不敢言明出處的惡風成鮮明對比。此也為先祖沈竹礽、沈祖緜的天下為公的高風亮節，對後人的影響不無關係。

3、《沈氏玄空秘藏》1991 年 8 月版本，臺北文翔圖書股份有限公司出版。

此書為《沈氏玄空學》部分遺稿彙編。從序文可看出先祖沈紹勳、沈祖綿對自己掌握的堪輿學問的態度是披肝露膽，公之於眾，造福於民。鄧匡哲在序中贊曰：「清未錢塘沈竹礽師，秉絕世之天姿，閔家國之危難，不惜苦口婆心，逢人指授，盡泄其秘，斯真郭揚之功臣，度世之寶筏也。」

4、《玄空古義四種通釋》沈祖緜釋，集文書局印行。

本書又名《玄空秘旨通釋》，其序為民國 29 年，1930 年第一版。其書共四篇，玄空秘旨、玄機賦、飛星賦、紫白訣。這四篇原文，皆載于《沈氏玄空學》中。

第二節　沈延發的玄空著作

父親沈延發利用自身的專業：建築學、土木工程學、橋樑道路學、煤氣工程學和環境科學的精深基礎和五十多年的實踐經驗，對祖輩《沈氏玄空學》的深入研究探討，作出的對人類的居住環境與自然和諧平衡的最爲精彩、精緻和實用的貢獻。對解破中國古代堪輿學及《沈氏玄空學》的奧秘，和這門科學在現代社會的應用發展、創新有突出貢獻。筆者曾閱讀過幾本港臺出版的現代人寫的堪輿學的著作，也僅限於對古代堪輿學的解釋和一般的應用。對以易學爲基礎的堪輿（玄空）學的原理並未有揭示，更沒有在現代建築上應用的發展和創新。

《沈氏玄空堪輿學》（1991 年 4 月）

父親沈延發於 1991 年 4 月寫畢此書，並油印成冊。此書將《沈氏玄空學》主要內容、理論納入其中。《沈氏玄空學》一書，爲祖父沈瓞民（祖緜）將曾祖父沈紹勳（竹礽）有關堪輿學的遺作，積集刊印爲一冊，名爲《沈氏玄空學》。能見到的集本爲多家出版社在中國內陸及臺北刊印，時間分別爲 1925 年、1933 年、1967 年、1991 年等。其中較完整的集本，內容爲六卷，以曾祖沈紹勳文稿爲主，也有祖父的文稿，可視爲沈氏玄空（堪輿）的論文集。《沈氏玄空學》一書已是完整地揭示中國古代堪輿學的種種秘奧，實爲功德之舉。避免了這門學說以往一直爲口傳心授，索解無由，多有誤用；得一、二秘訣之士，又復遵師戒，慎泄天機之弊。但現代人去讀《沈氏玄空學》的原文，由於古文造詣淺薄，實難以深入。父親沈延發深入研究《沈氏玄空學》之後，將其要秘重新編排，爲適合現代人的閱讀，又集其心得，寫出《沈氏玄空堪輿學》這一讀本。此書充實了現代建築學、環境學的知識，又能使我們瞭解《沈氏玄空學》的要旨。此書特點，一是爲理論性、系統性強，將堪輿學的易理講明講透，並告之我們"不知易理，非惟堪輿未必能精，更易旁入斜徑"。二是實用性，因父親的專業是土木工程學，又有五十多年的實踐，故此書有非常強的現代性、實用性。三是爲由淺入深，明白易懂，適合現代人閱讀理解，再不是玄而又玄，不得其解。

本書共四章，前兩章爲堪輿學的易理基礎，後兩章講挨星及九運二十四山向配九星兼向，實際涵蓋《沈氏玄空學》六卷的主要內容。先讀此書，後研究《沈氏玄空學》才能由淺入深。

此書由沈延發三子沈宗宣重新編輯以《沈氏玄空堪輿學》爲名，於 2007 年蒙香港鷺達文化出版公司總編陳嘉田先生出版。

第三節　《沈氏玄空學》論玄空一詞

《沈氏玄空學》中論"玄空"一詞。"空"，即《心經》之中的空，非真空，空即有物。《心經》曰："色不異空，空不異色，空即是色，受想行識，亦復如是。"則空非憑籍五蘊不可。憑籍五蘊，空即有物，空即有竅，竅有九，故"九竅"是"玄空"二字，此"九竅"也即九宮之數。一至九非定數，有錯綜參伍，存乎其間，以"玄空"二字代九宮飛星之學。

也有人解"玄"爲統一，"空"爲空間。

天心，九宮之中心爲天心，此二字由來已久。

伏羲法八極作八卦。

黃帝作九竅以定九宮，此"竅"字即"心"字之意，亦即"玄"字之意。

天心即月日爲《易》之意，一陰一陽之謂也。後人以戊己代之，今人改"天心"爲"天星"，誤。

聖人作《易》以象日月，孔子作《傳》而曰："乾坤成列，而易立乎其中矣。"（《繫辭傳》）此"中"字即"心"字。

《老子》號此心爲玄牝之門，是謂天地根。《老子》又云："玄之又玄，衆妙之門。"是謂玄學之始，其實易也，心也，竅也，中心，玄也，是不二法門。

天心即天機，天心即令星入中，此原爲天機不可洩露。

第五章　河圖、洛書與九宮圖

　　玄空學基礎爲河圖、洛書、八卦、九宮，故必須掌握以上基礎知識。

第一節　河圖

　　《易・繫辭》道："河出圖，洛出書，聖人則之。" 中國古代哲人，皆以《河圖》、《洛書》爲一切智慧的啟迪。

　　《河圖》相傳是伏羲時代，有一似龍非龍，似馬非馬的瑞祥之獸，從黃河中飛翔而上，其龍馬背上所刻的圖案的《河圖》含有宇宙天象的秘密。

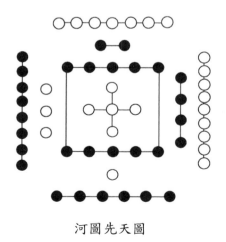

河圖先天圖

解：

白點爲陽，皆爲奇數，

黑點爲陰，皆爲偶數。

一六共宗居北方，因天一生水，地六成之。

二七同道居南方，因地二生火，天七成之。

三八爲朋居東方，因天三生木，地八成之。

四九爲友居西方，因地四生金，天九成之。

五十相守居中央，因天五生土，地十成之。

天數二十五，地數三十，凡天地數共五十五。

即：

一六共宗，爲水居北。

二七同道，爲火居南。

三八爲朋，爲木居東。

四九爲友，爲金居西。

五十居中，爲土居中

第二節　《河圖》數活用於樓層選擇

五行與樓層相應方法：

五行	樓層
水	1、6 層及凡個位數爲 1、6 的樓層，如 11、16、21、26、……
火	2、7 層及凡個位數爲 2、7 的樓層，如 12、17、22、27、……
木	3、8 層及凡個位數爲 3、8 的樓層，如 13、18、23、28、……
金	4、9 層及凡個位數爲 4、9 的樓層，如 14、19、24、29、……
土	5、10 層及凡個位數爲 5、10 的樓層，如 15、20、25、30、……

居室在每一層內居室號數字也可類似應用。

地支、生肖的五行屬性：

子	丑	寅	卯	辰	巳	午	未	申	酉	戌	亥
鼠	牛	虎	兔	龍	蛇	馬	羊	猴	雞	狗	豬
水	土	木	木	土	火	火	土	金	金	土	水

五行的相生、相剋原理：

金生水，水生木，木生火，火生土，土生金。

金剋木，木剋土，土剋水，水剋火，火剋金。

其應用舉例：

凡1層、6層或個位數為1、6層的，如11層、16層……皆屬水。按五行相生、相剋的道理，按你生肖屬性來判斷凶、吉。一般來說，其樓層五行屬性，生你或比和，則吉；剋你，則不利。如你屬子鼠，屬亥豬，五行屬水，居1、6層（含個位數1、6）則與樓層五行屬性比和，同一屬性，則吉。或居4、9層（含個位數4、9），五行屬性為金的樓房，金生水，為吉。但居5、10層（含5、10個位數）五行屬性為土的樓房，則土剋水，不吉，不宜居。

以上內容可見《沈氏高層建築堪輿學》，自得齋叢書沈延發著。

第三節　先天八卦圖

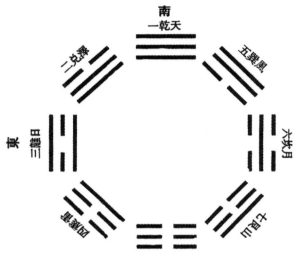

先天八卦圖（伏羲圖）

《説卦傳》"天地定位，山澤通氣，雷風相薄，水火不相射，八卦相錯。"

先天八卦爲"體"，後天八卦爲"用"。

第四節　洛書

《洛書》出於大禹治水時代，相傳大禹治水時，有一龍龜從洛水上岸，出《洛書》，大禹從龜身上的圖，啟發河水川山的玄機，而得疏導水患的方法。

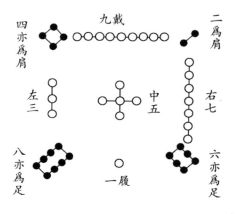

洛書後天圖

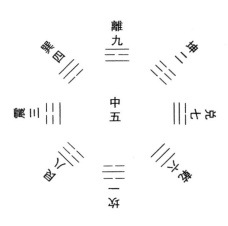

後天八卦圖

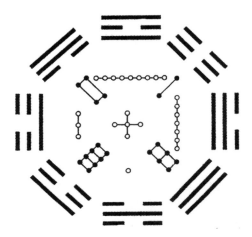

後天八卦合洛書圖

第五節　九宮

九宮源於後天八卦加中五，九宮中的順序爲八卦的數。

木 四　巽 東南方	火 九　離 南方	土 二　坤 西南方
木 三　震 東方	五	金 七　兌 西方
土 八　艮 東北方	水 一　坎 北方	金 六　乾 西北方

九宮圖

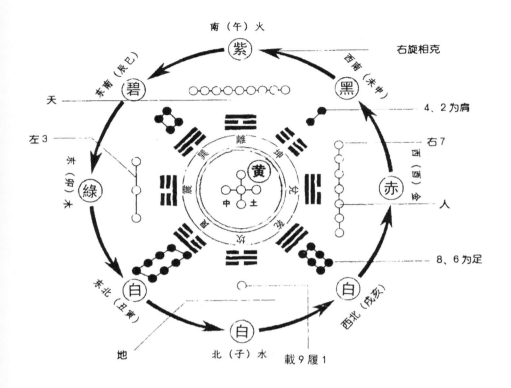

　　從《洛書》衍深到九星，又稱紫白九星。九星之數逆數為：九紫、八白、七赤、六白、五黃、四碧、三綠、二黑、一白，每年一星，運行到現在，成為每年的年運。每年年運對應的星飛中，後面要講的九宮的中宮。

第六章　九宮飛星圖、天盤、地盤

第一節　九運飛星圖

有了九宮圖，其數從一至九的順序，成爲玄空風水學中九宮飛星的次序：

後天八卦衍深出的九宮圖，即爲五入中的圖形。

三元九運，我們可以分別以一入中，二入中，三入中，……九入中，演繹出九運圖。

"天盤即流行之氣"（天盤即運盤）。天心即天機，天心即九運各自令星入，此原爲天機不可泄露。

九	五	七
八	一	三
四	六	二

一白入中飛星圖（順）

一	六	八
九	二	四
五	七	三

二黑入中飛星圖（順）

二	七	九
一	三	五
六	八	四

三紫入中飛星圖（順）

三	八	一
二	四	六
七	九	五

四綠入中飛星圖（順）

四	九	二
三	五	七
八	一	六

五黃入中飛星圖（順）

五	一	三
四	六	八
九	二	七

六白入中飛星圖（順）

六	二	四
五	七	九
一	三	八

七赤入中飛星圖（順）

七	三	五
六	八	一
二	四	九

八白入中飛星圖（順）

八	四	六
七	九	二
三	五	一

九紫入中飛星圖（順）

後天八卦加中五即爲五運之盤，見第五章第五節九宮圖。

玄空學中的元旦盤（地盤），即為後天八卦加中五形成的九宮圖。九宮圖中的坎一、坤二、震三、巽四、中五、乾六、兌七、艮八、離九的一、二、三、四、五、六、七、八、九即為玄空學中的地盤數。

第二節　三元九運

在玄空風水學中，將時間劃分為 180 年一循環黃帝命大撓氏以干支紀年，60 年為一個 "六十甲子紀年"。

60 年為一元。上元 60 年，中元 60 年，下元 60 年，三元共 180 年。一元含三運，一運二十年。即為玄空學中的三元九運。

從黃帝紀元開始至 2003 年，共有 79 個甲子，即 79 元。

如：

1864 年——1883 年　上元一運

1884 年——1903 年　上元二運

1904 年——1923 年　上元三運

1924 年——1943 年　中元四運

1944 年——1963 年　中元五運

1964 年——1983 年　中元六運

1984 年——2003 年　下元七運

2004 年——2023 年　下元八運

2024 年——2043 年　下元九運

……

2044 年開始又一個三元九運。

那麼，2004 年到 2023 年的下元八運圖即是八白入中飛星圖。

七	三	五
六	八	一
二	四	九

　　挨星爲堪輿學之要訣。首先明瞭元運。元運者三元九運之簡稱。每元六十年。分上中下三元，共一百八十年，周而復始應用，無論陽宅與陰宅都以元運來排列。

　　上元甲子六十年中，分前二十年爲一白運，中二十年爲二黑運，後二十年爲三碧運。

　　中元甲子六十年中，又分前二十年爲四綠運，中二十年爲五黃運，後二十年爲六白運。

　　下元甲子六十年中，又分前二十年爲七赤運，中二十年爲八白運，後二十年爲九紫運。

　　六十年中之一白、二黑、三碧者，即九宮之紫白訣之排列。

　　挨星者，實際九宮之方位排列也。

　　凡挨星時，將用事之元運，不論陰陽，一律入中順排之。

　　凡挨星排列之山向，挨得之星入中，陰者逆，陽者順，稱爲飛星，山上飛星稱地卦，向上飛星稱天卦。經云，"天地父母三般卦"者，即指此也。

　　九宮排列之次序，爲了明瞭起見，採用 ABCDEFGHI 排列，使學者一目瞭然，掌握其要領，其排列次序爲

I	E	G
H	A	C
D	F	B

由 A 開始入中，開始由 A 到 B，B 到 C，C 到 D，D 到 E，E 到 F，F 到 G，G 到 H，H 到 I 止。

排列次序一律不變，其中所謂順行與逆行簡稱順逆，不過一二三四五六七八九之次序排列不同而已。例如以六入中，從六開始排列七、八、九、一、二、三、四、五者，稱爲順。如以六入中，從六開始排列到五、四、三、二、一、九、八、七者，稱爲逆。用圖例：

五	一	三
四	六	八
九	二	七

稱爲順

七	二	九
八	六	四
三	一	五

稱爲逆

九宮飛星排列次序可見第七章第二節。

前面談到一運、二運、三運等之年份安排，舉例如下：

上元甲子 1864 年閏（同治三年）至 1883 年（光緒九年癸未）止，二十年爲一運。

甲申 1884 年閏（光緒十年）至 1903 年（光緒二十九年癸卯）止，二十年爲二運。

甲辰 1904 年閏（光緒三十年）至 1923 年（民國十二年癸亥）止，二十年爲三運。

　　中元甲子 1924 年閏（民國十三年）至 1943 年（民國三十二年癸未）止，二十年爲四運。

　　甲申 1944 年閏（民國三十三年）至 1963 年（癸卯）止，二十年爲五運。

　　甲辰 1964 年閏至 1983 年（癸亥）止，二十年爲六運。

　　下元甲子 1984 年閏至 2003 年（癸未）止，二十年爲七運

　　甲申 2004 年閏至 2013 年（癸卯）止，二十年爲八運

　　甲辰 2024 年閏至 2043 年（癸亥）止，二十年爲九運

　　周而復始。例如 1989 年大運爲二黑，小運爲土赤。如 2044 年甲子閏（上元甲子）至 2063 年癸未止，二十年爲一運。依此類推，此爲堪輿挨之要訣與起源。挨星必須明確下面圓盤二十四山向配九星方位圖，有圖才能挨星排列，茲將圖式表明如下：

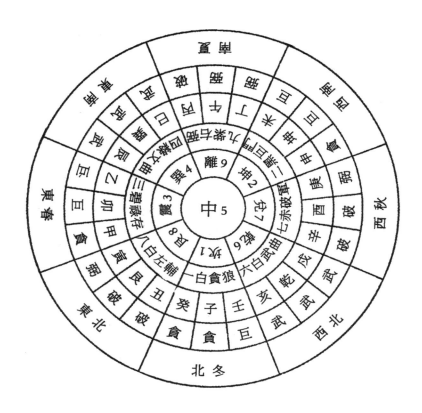

圓盤二十四山向配九星方位圖

　　一層太極入中。二層《洛書》後天卦。三層紫白、八星。四層二十四山向，兼向替卦。五層各星分類。六層方向，季節。

　　有關吉星、凶星解釋說明與九星安局，後面有詳細敘述。

　　山向順逆排列，今試舉一例：四運民國十七年（戊辰）地元甲山庚向挨星圖。

三　七 三	七　二 八	五　九 一
山　　向 四　八 二	山　　向 二六 四	山　　向 九　四 六
八　三 七	六　一 九	一　五 五

甲山（左側）　庚向（右側）

四，向上飛星爲天卦

九，山上飛星爲地卦

六，天盤數

庚山位於九宮兌七，七爲地盤數

　　玄空挨排，以一二三四等字代用，一二三四等即坎坤震巽等卦名，亦即貪狼、巨門、祿存、文曲等星名也。

　　中央宮之四，爲當時之正運，即本運當旺之令星，以四入中，一律按順行挨排到各宮，排列方向按上述（見上第27頁圖表）ABCD等排列次序爲準，運星排妥後，找山向之數字。

　　山、向挨得之星，入中飛，排列分陰陽，陽則順行，陰則逆行，但其陰陽，必須以所得之數爲準。

　　如上例：

　　庚向上得六數，六數爲乾。山上得二數，二數爲坤。乾六的地元爲戌，爲陰爲逆。坤二的地元爲未，爲陰爲逆。復求乾坤之地元爲戌未，是以甲山二入中，庚向六入中，具逆行也。

　　甲山，山上對應二數，二爲坤。見第七章第82及84頁表中甲山正東方震的地元。對應坤二的地元未，未爲陰逆，故山上二入中爲逆飛。

　　同樣，庚向，向上對應六數，六爲乾。見第七章第82及84頁表中庚向爲正西方兌七的地元。對應乾六的地元戌，戌爲陰逆。故向上六入中爲逆飛。

　　此爲挨星秘中之秘，前賢如蔣大鴻輩，從不輕易洩露，故

78

後世罕有知其奧者，實屬誤盡蒼生。經云："顚顚倒，二十四山有珠寶。順逆行，二十四山有火坑。"即指此。顚倒，即逆行也。應逆者逆，故爲珠寶；應順者逆，故爲火坑。學者須熟練掌訣，自能日久生巧。

找到庚向上爲六，六就是天盤挨得之星，其下地盤所藏之數爲七，（即西方兌七，也就是九宮基本圖之位宮）六上之四，係向上飛星，即天卦，九係山上飛星，即地卦。四即巽，巽爲風；九即離，離爲火。解其卦象，即爲風火家人。又四爲文曲木星，九爲右弼火星，木生火，四九同宮，於是觀其生剋，而斷其吉凶，其他依此類推。（至於到山到向、上山下水，解另注後。）

九星在九宮中的變化，其順序早在見於東漢鄭玄注《易緯乾鑿度》：

"太一者，北辰之神名也。……四正四維以八卦神所居故亦名之曰宮，……天一下行，太一下九宮從坎宮始，……自此而從於坤宮，……又自此而從震宮，……又自此而從巽宮，……所行者半矣，還息於中央之宮，既又自此而從乾宮，……自此而從兌宮，……又自此從於艮宮，……又自此從於離宮，……行則周矣。"

由此而有坎一→坤二→震三→巽四→中央土→乾六→兌七→艮八→離九，成爲九星在九宮中變化的順序。

接上、中、下九運變化的運盤，將當值的運數入中，爲天盤，以流年的變化，將當值的對應數入中的遊年的年盤。

第三節　年運

玄空學中九運上中下元，每元 20 年，有元運。而這 20 年中每年又有年運。每年年運有一個飛星入中中宮，其規律是逆推的。如 2005 年四入中，2006 年三入中。如下：

2005 年，四綠入中；

2006 年，三碧入中；

2007 年，二黑入中；

2008 年，一白入中；

2009 年，九紫入中；

2010 年，八白入中；

2011 年，七赤入中；

2012 年，六白入中；

2013 年，五黃入中；

2014 年，四綠入中；

2015 年，三碧入中；

2016 年，二黑入中；

2017 年，一白入中；

2018 年，九紫入中；

2019 年，八百入中；

2020 年，七赤入中；

……

（一）年運的計算規律 1900 年——1999 年：

比如 1999 年，以所問年十位數 + 個位數：9+9=18

然後再把以上的 18 的十位數 + 個位數：1+8=9，9 爲和數。

再用：10-9=1，10 減和數爲 1。

即 1999 年爲一白入中。

（二）年運的計算規律 2000 年後：

如 2015 年，以十位數 + 個位數：1+5=6

然後把以上的 6 的十位數 + 個位數：0+6=6，6 爲和數。

最後用：9-6=3，9 減和數爲 3。

即 2015 年三碧入中。

第七章　二十四山（向）、運盤、山盤、向盤

第一節　二十四山（向）方位

玄空風水學必須掌握二十四山（向）。

見下圖：

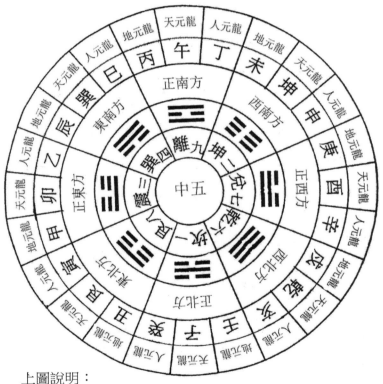

上圖說明：

第一層：為中五

第二層：後天八卦；

第三層：後天八卦卦象；

第四層：後天八卦方位；

第五層：二十四山向名稱；

第六層：爲二十四山向的地元龍、天元龍、人元龍的分布順序。

一個圓周共360度，分成24份，即每一個山（向）有15度。

二十四山（向）的構成：

（1）取十二地支，計十二個。

（2）十天干除去戊、己外，計八個。

（3）後天八卦中僅取處於四維位置的乾（西北方）、艮（東北方）、巽（東南方）、坤（西南方），計四個。

一共二十四個山（向）。

其中，後天八卦四維的乾、艮、巽、坤在後天八卦的方位即爲二十四向（山）所在位置的方位，即二十四山向的方位由後天八卦而定。

其規律如下：

1、按後天八卦每個卦一個方位，按順時針排列爲地、天、人元龍（如上圖的第六層）。

2、位於後天八卦四正方位的坎、離、震、兌，正中的天元龍分別爲子、午、卯、酉。而將十天干中除戊、己的八個，甲乙、丙丁、庚辛、壬癸分別從震方位開始，列入天元龍的左右，地元龍和人元龍的位置（見上頁圖第五、六層）。

3、四維方位，艮、巽、坤、乾的天元龍位，即是此四卦名。其兩旁的地元龍、人元龍即爲去掉以上已排好位的子、午、卯、酉的剩餘地支丑寅、辰巳、未申、戌亥（見上頁圖第五、六層）。

　　至此二十四山（向）方位，排列成下二十四山（向）配卦圖（本節）。

　　下面介紹每個山（向）的中點的方位度。

			方位	度數	五行	替星
正北方 坎一	地元壬	陽順	北偏西北	345°	水	2
	天元子	陰逆	正北方	0°、360°	水	1
	人元癸	陰逆	北偏東北	15°	水	1
東北方 艮八	地元丑	陰逆	東北偏北	30°	土	7
	天元艮	陽順	正東北	45°	土	7
	人元寅	陽順	東北偏東	60°	木	9
正東方 震三	地元甲	陽順	正東偏東北	75°	木	1
	天元卯	陰逆	正東方	90°	木	2
	人元乙	陰逆	正東偏東南	105°	木	2
東南方 巽四	地元辰	陰逆	東南偏東	120°	土	6
	天元巽	陽順	正東南	135°	木	6
	人元巳	陽順	東南偏南	150°	火	6
正南方 離九	地元丙	陽順	正南偏東南	165°	火	7
	天元午	陰逆	正南方	180°	火	9
	人元丁	陰逆	正南偏西南	195°	火	9
西南方 坤二	地元未	陰逆	西南偏南	210°	土	2
	天元坤	陽順	西南方	225°	土	2
	人元申	陽順	西南偏西	240°	金	1
正西方 兌七	地元庚	陽順	正西偏西南	255°	金	9
	天元酉	陰逆	正西方	270°	金	7
	人元辛	陰逆	正西偏西北	285°	金	7
西北方 乾六	地元戌	陰逆	西北偏西	300°	土	6
	天元乾	陽順	西北方	315°	金	6
	人元亥	陽順	西北偏北	330°	水	6

　　關於二十四山（向）方位的陰陽、逆順規律非常明顯，在二十四山向表中，按順序排列必是三個陽連着三個陰。（見本節二十四山（向）配卦圖。）

　　且天、人兩元龍，凡卦位爲單數的如坎一、震三、兌七、離九的天元龍與人元龍，皆爲陰爲逆。反之，凡卦位爲偶數的坤二、巽四、乾六、艮八的天元龍與人元龍，皆爲陽爲順。

　　而地元龍，單數卦位的爲陽爲順，偶數卦位的爲陰爲逆。

　　可以注意到上表二十四山向中天干的陰陽與傳統的天干的陰陽相同。而二十四山向中地支的陰陽與傳統的地支陰陽有所不同。

　　對比表：（地支六個相同，六個不相同）

天干	甲 +	乙 -	丙 +	丁 -	戊 +	己 -	庚 +	辛 -	壬 +	癸 -		
二十四山向中地支	子 -	丑 -	寅 +	卯 -	辰 +	巳 +	午 -	未 +	申 -	酉 -	戌 -	亥 +
原地支	子 +	丑 -	寅 +	卯 -	辰 +	巳 +	午 +	未 -	申 +	酉 -	戌 +	亥 -
備註		同	同	同			同	同	同			

+：爲陽。-：爲陰。

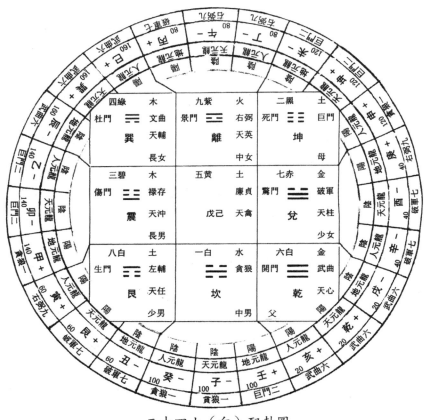

二十四山（向）配卦圖

（注：上圖"午80"意即"午向80"，即子山午向在五運有80年好運，參見第十章第一節三元九運二十四山向共四十八局旺山旺向表。）

由度數，以中點爲中心，向左右各擴7.5°。爲一山（向）的範圍。但考慮到兼向則是以中點的度數爲中心，各擴4.5°，共9°爲一山（向）的範圍，兩山（向）中間的6°爲一個兼向。見第七章第四節二十四山（向）兼向。

八卦、九宮、九星、八門、八神對應表

五行	八卦	九宮	九星	八門	八神
金	乾	六白	曲武	開門	天心
土	坤	二黑	巨門	死門	天芮
木	震	三碧	禄存	傷門	天沖
木	巽	四綠	文曲	杜門	天輔
土		五黃	廉貞		天禽
水	坎	一白	貪狼	休門	
火	離	九紫	右弼	景門	天英
土	艮	八白	左輔	生門	天任
金	兌	七赤	破軍	驚門	天柱

第二節 天（運）盤、山（向）星盤

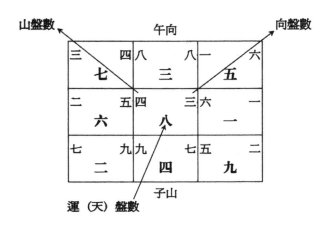

上圖爲天元子山午向八運挨星圖，每個宮位左上角數字爲山盤飛星數，右上角爲向盤飛星數。

　　要看懂以上的運盤、山盤、向盤，首先要明確由後天八卦而定的九宮格順序、數字走向的順序、八卦在九宮格中順序。

巽四	離九	坤二
震三	中五	兌七
艮八	坎一	乾六

簡化爲：

四	九	二
三	五	七
八	一	六

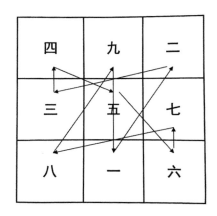

　　以上爲九宮飛星的順排圖，見第六章第一節九運飛星圖，皆爲從"一"至"九"入中的九宮飛星的順行圖。

從中我們可體會飛星運行順行的線路：

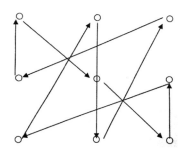

九宮飛星的運行的逆行線路與之相反：

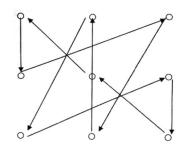

一入中逆行		
二	六	四
三	一	八
七	五	九

二入中逆行		
三	七	五
四	二	九
八	六	一

三入中逆行		
四	八	六
五	三	一
九	七	二

四入中逆行		
五	九	七
六	四	二
一	八	三

五入中逆行		
六	一	八
七	五	三
二	九	四

六入中逆行		
七	二	九
八	六	四
三	一	五

七入中逆行

八	三	一
九	七	五
四	二	六

八入中逆行

九	四	二
一	八	六
五	三	七

九入中逆行

一	五	三
二	九	七
六	四	八

不管其起點在何處，其順行走向皆爲：

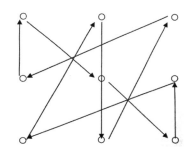

其逆行走向箭頭與上相反爲：

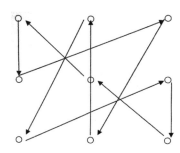

　　如天元子山午向八運挨星圖中運（天）盤，八運入中，運皆順飛，按九宮數字順序排列如下：

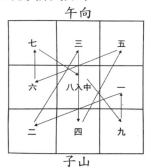

　　又如上，天元子山午向八運的山盤是四入中順飛，按九宮數字順序排列如下：

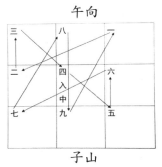

　　又如上天元子山午向八運的向盤是三入中逆飛，則：

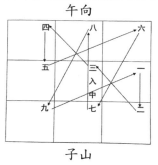

　　圖中，宅命盤由九個宮位組成。每個宮位中間數字一、二……爲每運天星，中宮數字八，代表八運入五中，然後順序將九、一、二、三、四、五、六、七排入《洛書》九宮乾六、兌七、艮八、離九、坎一、坤二、震三、巽四之中。九在乾六位，一在兌七位，二在艮八位，三在離九位，四在坎一位，五在坤二位，六在震三位，七在巽四位。至此，天運盤排好。

　　如天元子山午向九運：

午向

六　三 八	一　八 四	八　一 六
七　二 七	五　四 九	三　六 二
二　七 三	九　九 五	四　五 一

子山

天元子山午向九運圖

　　五到山，四到向。山五入中，五在坎位，坎北方，三山天元爲子陰逆飛。向四入中，午爲天元，對應巽四，天元龍巽爲陽，陽順飛。

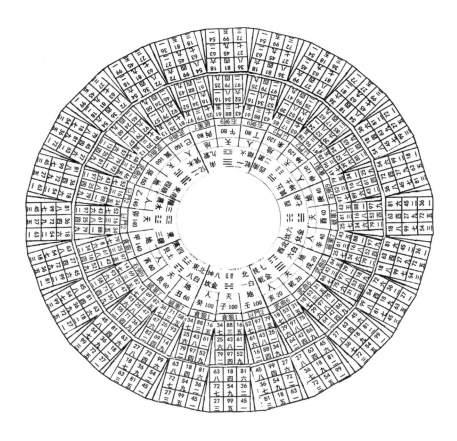

八、九運山星盤圖

說明：從裏至外

第一層	先天八卦圖
第二層	後天八卦圖
第三層	二十四山（向）天地人元
第四層	二十四山（向）及地運數
第五層	九紫替星
第六層	八運二十四山星盤
第七層	九運二十四山星盤

三元龍表

	陽	陰
地元龍	甲庚壬丙	辰戌丑未
天元龍	乾坤艮巽	子午卯酉
人元龍	寅申巳亥	癸丁乙辛

在二十四山向方位圖中地天人按順時針循環排列見圓盤二十四山向配九星方位圖。

第三節　九運二十四山向挨星圖排列次序方法

1、排運盤

如民國十七年（1928年）立甲山庚向挨星，該年爲中元四運，以四入中宮，之後順飛排列。

三　七 三	七　二 八	五　九 一
四　八 二	二　六 四	九　四 六
八　三 七	六　一 九	一　五 五

甲山（左側）　　庚向（右側）

四運甲山庚向圖

2、排山盤飛星

甲山在上圖運盤，對應運（天）盤數爲"二"，"二"入中宮左上角的山盤星位置。

甲山坐星在運盤爲二，二爲九宮《洛書》中坤（二）西南方，西南方三山爲未坤申（見圓盤二十四山向配九星方位圖（見第六章第二節）），而原甲山在東方爲甲卯乙第一山的地元龍，如下簡圖：

```
                              地 天 人
                              元 元 元
                              龍 龍 龍
甲山對二，  二爲坤，  坤西南方三山 →  未 坤 申
                                 ↑
               甲東方三山 →  甲 卯 乙
                              地 天 人
                              元 元 元
                              龍 龍 龍
```

甲對應未，未爲陰，故山盤分布爲在九宮順序中逆飛。山盤中二入中五宮，逆飛：

二	一	九	八	七	六	五	四	三
↓	↓	↓	↓	↓	↓	↓	↓	↓
中五宮	乾六宮	兌七宮	艮八	離九	坎一	坤二	震三	巽四

排出如上，每宮中左上角四運山盤圖。

3、排向盤飛星

向爲庚，庚向運盤中對應爲"六"，"六"入中宮。六數爲九宮《洛書》中乾（六）西北方向，西北方三山爲戌乾亥。而庚向在西方，庚酉辛三山中第一山：

地 天 人
元 元 元
龍 龍 龍
戌 乾 亥

↑

庚 酉 辛
地 天 人
元 元 元
龍 龍 龍

庚向對六，　　六爲乾，　　乾西北方三山　→

庚西方三山　→

庚對應戌，戌爲陰，故向盤分布在入宮順序爲逆飛。

六	五	四	三	二	一	九	八	七
↓	↓	↓	↓	↓	↓	↓	↓	↓
中五宮	乾六宮	兌七宮	艮八	離九	坎一	坤二	震三	巽四

排出如上每宮中右上角，四運向盤圖。

　　本書第八章中將分天元、人元、地元，列出所有九運二十四山向挨星圖。

五行	木			木			火			土			金			金			水			土		
九宮之位	三震			四巽			九離			二坤			七兌			六乾			一坎			八艮		
	東方			東南方			南方			西南方			西方			西北方			北方			東北方		
	地元龍	天元龍	人元龍	地元龍	天元龍	人元龍	地元龍	天元龍	人元龍	地元龍	同元龍	人元龍	地元龍	天元龍	人元龍	地元龍	天元龍	人元龍	地元龍	天元龍	人元龍	地元龍	天元龍	人元龍
	甲陽順	卯陰逆	乙陰逆	辰陽逆	巽陽順	巳陽順	丙陽順	午陰逆	丁陰逆	未陰逆	坤陽順	申陽順	庚陽順	酉陰逆	辛陰逆	戌陰逆	乾陽順	亥陽順	壬陽順	子陰逆	癸陰逆	丑陰逆	艮陽順	寅陽順

　　如某山（向）對應的運盤數為"五"，"五"仍入中。但"五"不在上表之列，則即以此山（向）確定入中後的陰逆飛還是陽順飛。玄空學稱為寄宮，以某山（向）所在九宮位置為寄宮。實際逢"五"就以自身山（向）的陰、陽定逆順飛。

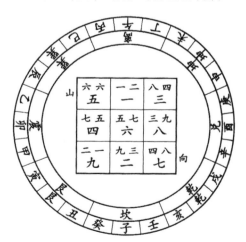

舉例：六運地元龍辰山戌向

定山盤，辰山在運盤數逢"五"，五入中。辰山查表自身為陰逆飛。

定向盤，戌向在運盤爲七，七入中。順逆的確定按規則處理。地元龍戌對應兌七的地元龍庚爲陽順飛。

爲讀者熟悉排山盤飛星，向盤飛星，再舉一例：

八運旺山旺向爲乾山巽向，巳山亥向，丑山未向及巽山乾向，亥山巳向，未山丑向。

如八運天元乾山巽向：(見 P110)

（1）排山盤飛星：

乾山坐星所在運盤爲九，九爲離，離在南方三山，→　丙午丁
　　　　　　　　　　　　　　　　　　　　　　　　↑
　　　　　　　　乾西北三山，　→　戌乾亥

乾對應午，午爲陰，故山盤爲逆飛。

（2）排向盤飛星：

巽向坐星所在運盤爲七，七爲兌，兌在西方三山，→　庚酉辛
　　　　　　　　　　　　　　　　　　　　　　　　↑
　　　　　　　　巽東南三山，　→　辰巽巳

巽對應酉，酉爲陰，故向盤爲逆飛。

第四節　九運二十四山配九星兼向

《易》多變，不變乃停止不前，故《易》爲變易，不變即無生息，與一陰一陽兩氣交感之理背，故有堪輿之凶吉。兼向即爲替卦，其兼向替卦中之一關鍵，能將穴上所見之水，適合城門者，往往發福，所不可不辨者反伏吟耳，故此章可用城門一訣之局，亦特標明，便於學者一目瞭然。

二十四山配九星上面已評述，現將圖再重予繪制如下：

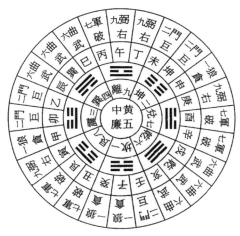

二十四山配九星圖

一層：中黃五入中

二層：後天卦數

三層：後天八卦卦象

四層：二十四向兼向替卦

五層：各星分類

吹虀子簡易挨星口訣：

子癸甲申貪狼尋，坤壬乙卯未巨門；

乾巽立位皆武曲，艮丙辛酉丑破軍；

若問寅午庚丁上，一律挨來是弼星。

　　兼向的概念相對於正向。羅盤上二十四山復蓋羅盤360度，每個方向方位為15度。定向在二十四山某個字中間9度之內（某字中心點左右各偏4.5度），在玄空學中算為立正向，啟用《沈氏玄空堪輿學》第三章三節"九運二十四山向挨星圖排列"中的方法。若定向時偏出以上 9 度之外，在玄空學上算是兼向，啟用《沈氏玄空堪輿學》第四章"論九運二十四山配九星兼向"的方法。如下圖示意：定向在子方位 15 度的中間 9 度之外各 3 度（沈氏玄空學稱 3 分）爲兼向。若子爲坐山，用子山午向兼壬癸、丙丁起星圖，若爲向首用午山子向兼丙壬、丁癸起星圖。玄空學中正向和兼向在挨星上有很大差別。

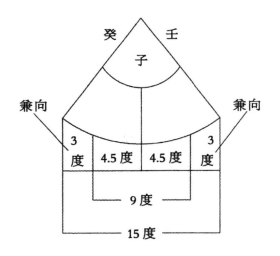

兼向起星圖的步驟：

1、看山（向）對應運盤中九宮的數字，確定此數字對應的卦（後天）。

2、本山（向）的天（地、人）元對應的該卦三山的天（地、人）元。

3、用對應的天（地、人）元的陰陽確定逆飛或順飛。

4、用對應的天（地、人）元查第七章第 99 頁及第 102 頁替星的數字或查下表，用該數字入中。

如子山午向兼丙壬、丁癸起星圖中八運：

午向

廉禄 五　　三 七	貪破 一　　七 三	禄廉 三　　五 五
文文 四　　四 六	武巨 六　　二 八	輔弼 八　　九 一
弼輔 九　　八 二	巨武 二　　六 四	破貪 七　　一 九

子山

八運子山午向兼壬丙癸丁起星圖

①午向對應三，三爲震，天元午對應震的天元卯。卯爲陰（逆行），卯對應替星巨門二（見前二十四山配九星圖），故以"二"入中逆行。

②子山對應四，四爲巽，天元子對應巽的天元巽。巽爲陽（順行），巽對應替星武曲六（見前二十四山配九星圖），故以"六"入中順行。

替星表

運星到向到山	運星三山	替星	運星到向到山	運星三山	替星
1	壬（陽）地元龍	2	9	丙（陽）地元龍	7
	子（陰）天元龍	1		午（陰）天元龍	9
	癸（陰）人元龍	1		丁（陰）人元龍	9
8	丑（陰）地元龍	7	2	未（陰）地元龍	2
	艮（陽）天元龍	7		坤（陽）天元龍	2
	寅（陽）人元龍	9		申（陽）人元龍	1
3	甲（陽）地元龍	1	7	庚（陽）地元龍	9
	卯（陰）天元龍	2		酉（陰）天元龍	7
	乙（陰）人元龍	2		辛（陰）人元龍	7
4	辰（陰）地元龍	6	6	戌（陰）地元龍	6
	巽（陽）天元龍	6		乾（陽）天元龍	6
	巳（陽）人元龍	6		亥（陽）人元龍	6

　　關於兼向（替卦）飛星盤排法，作者余易在《風水與住宅》（中國建材工業出版社）一書中第94頁提到："後雖得《沈氏玄空學》的著者（沈氏）將其秘密公開，但沈氏是自學並無師承，所以在兼向星盤的排法上有一定的錯誤，而正確的起兼向飛星盤的方法一直保留在中州派玄空學與無常派玄空學手上，而此方法也只是在中州派玄空學書籍中有所提及。"在這裏有必要澄清，沈氏玄空學的兼向星盤的排法並無錯誤，而且比中州派玄空學的排法總結得更簡潔、直接。

　　第一，仔細對比余易書與沈氏玄空學的所有二十四山兼向（替卦）飛星圖，完成一致，故無錯誤而言。（余易書中在壬山丙向替卦圖，三運圖向星排列有筆誤，後有說明。）

　　第二，中州派替星口訣與沈氏玄空學簡易挨星口訣實質完成一致。余易書第 97 頁表 5-1 替星表，正好說明瞭這一點。中州派："卻用貪狼配甲申"。沈氏："子癸甲申貪狼尋"。（即子、癸、甲、申用一白貪狼爲替星，用 1 入中，見上表。）

中州派："用替巨門壬卯乙"。沈氏："坤壬乙卯未巨門"。（即坤，壬、乙、卯、未用二黑巨門爲替星，用 2 入中，見上表。）

中州派："丑艮丙山替破軍"。沈氏："艮丙辛酉丑破軍"。（即艮、丙、辛、酉、丑用七赤破軍爲替星，用 7 入中，見上表。）

中州派："巽卦三山皆武曲"。沈氏："乾巽立位皆武曲"。（即巽卦三山、辰巽巳，乾卦三山戌乾亥用六白武曲，爲替星（挨星），以 6 入中、見上表。）

中州派："庚寅右弼兩星臨"。沈氏："若問寅午庚丁上，一律挨來是弼星"。　（即巽午、庚丁以九紫弼星爲替星、挨星，以 9 入中，見上表。）

第三，余易書中總結（見該書第 95 頁）。①在同一卦宮內，陰兼陰，陽兼陽者不替，陰陽互兼用替。②出卦必替，不論同陰同陽山向均以替星起卦。在實際應用中，用此原則判斷是否用替星後，仍需由口訣（或表）來決定那個替星入中，而山（向）對應運星三山的陰陽決定逆飛、順飛。

例如，余易書中第 98 頁 [例一] 中七運乾山巽向兼戌辰亥巳，乾（陽）巽（陽）兼戌（陰）辰（陰）按原則①用替。但向飛臨運星爲六白，屬乾宮，巽向屬天元龍，乾宮中天元龍爲乾，按中州替星口訣，乾屬無替之山（不用替）故仍以六白入中，乾屬陽順飛。所以不如直接由向的運星六，爲乾宮，巽向爲天元龍，對應乾宮，天元龍乾，按中州派口訣或表，乾不替，仍以 6 入中，乾陽順飛，與沈氏直接用挨星口訣判斷是一致的，六到向，六之天元即乾挨武曲六，仍以六入中，乾陽，順飛。

103

巽向

6　　5 六	2　　1 二	4　　3 四
5　　4 五	7　　6 七	9　　8 九
1　　9 一	3　　2 三	8　　7 八

乾山

丙向

8　　8 二	3　　4 七	1　　6 九
9　　7 一	7　　9 三	5　　2 五
4　　3 六	2　　5 八	6　　1 四

壬山

　　例如，壬山丙向兼子午、亥巳，三運圖的向星圖（山、向用阿拉伯數字代表）七到向，七之地元庚，挨星弼九）九入中，庚陽順飛。

　　用中州派方法也為：壬山丙向兼子午，陽兼陰甩替星，壬山丙向兼亥巳，出卦必替。丙向，臨運星七，壬地元龍對七宮地元龍庚，庚替星9，以9入中，庚陽順飛。

　　九運二十四山配九星兼向參見《沈氏玄空堪輿學》一書。

第八章　九運二十四山向挨星排列圖

全部九運的排列圖見《沈氏玄空堪輿學》。

此處僅錄六運、七運、八運、九運，讀者可分別用於 1964 年至 1983 年（六運），1984 年至 2003 年（七運），2004 年至 2023 年（八運），2024 年至 2043 年（九運）。

一、天元子山午向挨星圖（天元：陽——乾坤艮巽，陰—— 子午卯酉）

地運 80 年，五運獨旺。三七運全局合十，一三六八運離宮 打劫，城門五七九運不用，一四運坤巽吉，二八運巽，三六運 坤吉。

向

一 二 五	六 六 一	八 四 三
九 三 四	二 一 六	四 八 八
五 七 九	七 五 二	三 九 七

山

六運挨星，二到山，一 到向，飛星山順向逆犯 下水，向比和，山生入 吉。**離宮打劫**

向

四 一 六	八 六 二	六 八 四
五 九 五	三 二 七	一 四 九
九 五 一	七 七 三	二 三 八

山

七運挨星，三到山，二 到向，飛星山逆向順犯 上山，向生入吉，山比 和吉。

105

向

三四 七	八八 三	一六 五
二五 六	四三 八	六一 一
七九 二	九七 四	五二 九

山

八運挨星，四到山，三到向，飛星山順向逆犯下水，向比和吉，山剋出凶。離宮打劫

向

六三 八	一八 四	八一 六
七二 七	五四 九	三六 二
二七 三	九九 五	四五 一

山

九運挨星，五到山，四到向，飛星山逆向順犯上山，向剋出凶，山比和吉。

二、天元午山子向挨星圖

地運 100 年，五運獨旺，三七運全局合十。二四七九運坎宮打劫，城門一三五運不用，六九運乾艮吉，四七運艮，二八運乾吉。

山

二一 五	六六 一	四八 三
三九 四	一二 六	八四 八
七五 九	五七 二	九三 七

向

六運挨星，一到山，二到向，飛星山逆向順犯上山，向生入吉，山比和吉。

山

一四 六	六八 二	八六 四
九五 五	二三 七	四一 九
五九 一	七七 三	三二 八

向

七運挨星，二到山，三到向，飛星山順向逆犯下水，山生入，向比和吉。坎宮打劫。

山

四 三 七	八 八 三	六 一 五
五 二 六	三 四 八	一 六 一
九 七 二	七 九 四	二 五 九

向

八運挨星，三到山，四到向，飛星山逆向順犯上山，山比和吉，向剋出凶。

山

三 六 八	八 一 四	一 八 六
二 七 七	四 五 九	六 三 二
七 二 三	九 九 五	五 四 一

向

九運挨星，四到山，五到向，飛星山順向逆犯下水，山剋出凶，向比和吉。坎宮打劫。

三、天元卯山酉向挨星圖

地運 40 年，三五七運當旺，一八運坎宮打劫，城門五七運不用，六運乾坤吉，一三四運坤吉，二八九運乾吉。

山

三 七 五	八 三 一	一 五 三
二 六 四	四 八 六	六 一 八
七 二 九	九 四 二	五 九 七

向

六運挨星，四到山，八到向，飛星山向均順，犯上山下水，山生出凶，向生入吉。

山

六 一 六	一 五 二	八 三 四
七 二 五	五 九 七	三 七 九
二 六 一	九 四 三	四 八 八

向

七運挨星，五到山，九到向，飛星山向均逆，當旺，向剋出凶，山生入吉。

山

五 二 七	一 六 三	三 四 五
四 三 六	六 一 八	八 八 一
九 七 二	二 五 四	七 九 九

向

山

八 一 八	三 六 四	一 八 六
九 九 七	七 二 九	五 四 二
四 五 三	二 七 五	六 三 一

向

八運挨星，六到山，一
到向，飛星山順向逆犯
下水，山向均比和吉。

九運挨星，七到山，二
到向，飛星山逆向順犯
上山，向剋出凶，山比
和吉。

四、天元酉山卯向挨星圖

地運 140 年，三五七運當旺，二九運離宮打劫，城門三運
不用。四運巽艮吉。一二八運巽吉。五七九運艮吉。

向

七 三 五	三 八 一	五 一 三
六 二 四	八 四 六	一 六 八
二 七 九	四 九 二	九 五 七

山

向

一 六 六	五 一 二	三 八 四
二 七 五	九 五 七	七 三 九
六 二 一	四 九 三	八 四 八

山

六運挨星，八到山，四
到向，飛星山向均順，
犯上山下水，山生入
吉，向生出凶。

七運挨星，九到山，五
到向，飛星山向均逆，
當旺，山剋出凶，向生
入吉。

向

		山
二 五 七	六 一 三	四 三 五
三 四 六	一 六 八	八 八 一
七 九 二	五 二 四	九 七 九

向

		山
一 八 八	六 三 四	八 一 六
九 九 七	二 七 九	四 五 二
五 四 三	七 二 五	三 六 一

八運挨星，一到山，六到向，飛星山逆向順，犯上山，山向均比和吉。

九運挨星，二到山，七到向，飛星山順向逆犯下水，山剋出凶，向比和吉。

五、天元乾山巽向挨星圖

地運 160 年，二八運當旺，一九運全局合十，一四運坎宮打劫，城門四運不用，三五運卯午吉，二七九運卯吉，一六八運午吉，四六運犯反吟伏吟。

向

八 四 五	三 九 一	一 二 三
九 三 四	七 五 六	五 七 八
四 八 九	二 一 二	六 六 七

山

向

七 五 六	三 一 二	五 三 四
六 四 五	八 六 七	一 八 九
二 九 一	四 二 三	九 七 八

山

六運挨星，七到山，五到向，飛星山逆向順，犯上山，向剋入吉，山比和吉。

七運挨星，八到山，六到向，飛星山向均順，犯上山下水，山剋出凶，向生出凶。

向

一八 七	五三 三	三一 五
二九 六	九七 八	七五 一
六四 二	四二 四	八六 九

山

八運挨星，九到山，七到向，飛星山向均逆，當旺，山生出凶，向剋出凶。

向

二七 八	六三 四	四五 六
三六 七	一八 九	八一 二
七二 三	五四 五	九九 一

山

九運挨星，一到山，八到向，飛星山逆向順，犯上山，山比和吉，向生入吉。

六、天元巽山乾向挨星圖

地運 20 年，二八運當旺，一九運全局合十，六九運離宮打劫，城門六運不用，五七運子酉吉，一三八運酉吉，二四九運子吉，四六運犯反伏吟凶。

山

四八 五	九三 一	二一 三
三九 四	五七 六	七五 八
八四 九	一二 二	六六 七

向 .

六運挨星，五到山，七到向，飛星山順向逆犯下水，山剋出凶，向比和吉。

山

五七 六	一三 二	三五 四
四六 五	六八 七	八一 九
九二 一	二四 三	七九 八

向

七運挨星，六到山，八到向，飛星山向均順，犯上山下水，山生出凶，向剋出凶。

110

山

八一七	三五三	一三五
九二六	七九八	五七一
四六二	二四四	六八九

向

八運挨星，七到山，九到向，飛星山向均逆，當旺，山剋出凶，向生出凶。

山

七二八	三六四	五四六
六三七	八一九	一八二
二七三	四五五	九九一

向

九運挨星，八到山，一到向，飛星山順向逆犯下水，山生入，向比和吉。

七、天元艮山坤向挨星圖

地運 120 年，四六運當旺，城門二四九運不用，一三五八運午酉吉，七運酉吉，六運午吉，二五八運犯反伏吟凶，然全局合成三般卦。

向

一四五	五八一	三六三
二五四	九三六	七一八
六九九	四七二	八二七

山

六運挨星，九到山，三到向，飛星山向均逆，當旺，山剋入吉，向剋出凶。

向

二三六	六八二	四一四
三二五	一四七	八六九
七七一	五九三	九五八

山

七運挨星，一到山，四到向，飛星山逆向順，犯上山，山比和吉，向生出凶。

向

一四 七	六九 三	八二 五
九三 六	二五 八	四七 一
五八 二	七一 四	三六 九

山

向

四五 八	八一 四	六三 六
五四 七	三六 九	一八 二
九九 三	七二 五	二七 一

山

八運挨星，二到山，五到向，飛星山向均順，犯上山下水，山向均比和吉。

九運挨星，三到山，六到向，飛星山逆向順，犯上山，山比和吉，向剋入吉。

八、天元坤山艮向挨星圖

地運 60 年，四六運當旺，城門一六八運不用，二五七九運子卯吉，三運卯吉，四運子吉。二五八運犯反伏吟凶。然全局合成三般卦

山

四一 五	八五 一	六三 三
五二 四	三九 六	一七 八
九六 九	七四 二	二八 七

向

山

三二 六	八六 二	一四 四
二三 五	四一 七	六八 九
七七 一	九五 三	五九 八

向

六運挨星，三到山，九到向，飛星山向均逆，當旺，山剋出凶，向剋入吉。

七運挨星，四到山，一到向，飛星山順向逆犯下水，山生出凶，向比和吉。

山

四一 七	九六 三	二八 五
三九 六	五二 八	七四 一
八五 二	一七 四	六三 九

向

八運挨星，五到山，二到向，飛星山向均順，犯上山下水，山向均比和吉。

山

五四 八	一八 四	三六 六
四五 七	六三 九	八一 二
九九 三	二七 五	七二 一

向

九運挨星，六到山，三到向，飛星山順向逆，犯下水，山剋入，向比和吉。

九、人元寅山申向挨星圖（人元：陽——寅申巳亥，陰——癸丁乙辛）

地運 120 年，四六運當旺，城門二四九運不用，一三五八運丁辛吉。一、七運辛吉，六運丁吉，二五八運犯反伏吟凶，然全局合成三般卦。

向

一四 五	五八 一	三六 三
二五 四	九三 六	七一 八
六九 九	四七 二	八二 七

山

六運挨星，九到山，三到向，飛星山向均逆，當旺，山剋入吉，向剋出凶。

向

二三 六	六八 二	四一 四
三二 五	一四 七	八.六 九
七七 一	五九 三	九五 八

山

七運挨星，一到山，四到向，飛星山逆向順犯上山，山比和吉，向生出凶。

向

一四 七	六九 三	八二 五
九三 六	二五 八	四七 一
五八 二	七一 四	三六 九

山

八運挨星，二到山，五到向，飛星山向均順，犯上山下水，山向均比和吉。

向

四五 八	八一 四	六三 六
五四 七	三六 九	一八 二
九九 三	七二 五	二七 一

山

九運挨星，三到山，六到向，飛星山逆向順犯上山，山比和吉，向剋入吉。

十、人元申山寅向挨星圖

地運 60 年，四六運當旺，城門一六八運不用，二五七九運乙癸吉。三運乙吉，四運癸吉，二五八運犯反伏吟凶，然全局合成三般卦。

山

四一 五	八五 一	六三 三
五二 四	三九 六	一七 八
九六 九	七四 二	二八 七

向

六運挨星，三到山，九到向，飛星山向均逆，當旺，山剋出凶，向剋入吉。

山

三二 六	八六 二	一四 四
二三 五	四一 七	六八 九
七七 一	九五 三	五九 八

向

七運挨星，四到山，一到向，飛星山順向逆犯下水，山生出凶，向比和吉。

114

山

四一 七	九六 三	二八 五
三九 六	五二 八	七四 一
八五 二	一七 四	六三 九

八運挨星，五到山，一到向，飛星山向均順，犯上山下水，山向均比和吉。

山

五四 八	一八 四	三六 六
四五 七	六三 九	八一 二
九九 三	二七 五	七二 一

向

九運挨星，六到山，三到向，飛星山順向逆，犯下水，山剋入吉，向比和吉。

十一、人元巳山亥向挨星圖

地運 20 年，二八運當旺，一九運全局合十，六九運離宮打劫，城門六運不用，五七運癸辛吉，一三八運辛吉，二四九運癸吉，四六運犯反伏吟凶。

山

四八 五	九三 一	二一 三
三九 四	五七 六	七五 八
八四 九	一二 二	六六 七

向

六運挨星，五到山，七到向，飛星山順向逆，犯下水，山剋出凶，向比和吉。

山

五七 六	一三 二	三五 四
四六 五	六八 七	八一 九
九二 一	二四 三	七九 八

向

七運挨星，六到山，八到向，飛星山向均順，犯上山下水，山生出凶，向剋出凶。

山

八 一 七	三 五 三	一 三 五
九 二 六	七 九 八	五 七 一
四 六 二	二 四 四	六 八 九

向

八運挨星，七到山，九到向，飛星山向均逆，當旺，山剋出凶，向生出凶。

山

七 二 八	三 六 四	五 四 六
六 三 七	八 一 九	一 八 二
二 七 三	四 五 五	九 九 一

向

九運挨星，八到山，一到向，飛星山順向逆犯下水，山生入吉，向比和吉。

十二、人元亥山巳向挨星圖

地運160年，二八運當旺，一九運全局合十，一四運坎宮打劫，城門四運不用，三五運乙丁吉，二七九運乙吉，一六八運丁吉，四六運犯反伏吟凶。

向

八 四 五	三 九 一	一 二 三
九 三 四	七 五 六	五 七 八
四 八 九	二 一 二	六 六 七

山

六運挨星，七到山，五到向，飛星山逆向順，犯上山，山比和吉，向剋出凶。

向

七 五 六	三 一 二	五 三 四
六 四 五	八 六 七	一 八 九
二 九 一	四 二 三	九 七 八

山

七運挨星，八到山，六到向，飛星山向均順，犯上山下水，山剋出凶向生出凶。

向

一 八 七	五 三 三	三 一 五
二 九 六	九 七 八	七 五 一
六 四 二	四 二 四	八 六 九

山

向

二 七 八	六 三 四	四 五 六
三 六 七	一 八 九	八 一 二
七 二 三	五 四 五	九 九 一

山

八運挨星，九到山，七到向，飛星山向均逆當旺，山生出凶，向尅出凶。

九運挨星，一到山，八到向，飛星山逆向順，犯上山，山比和吉，向生入吉。

十三、人元乙山辛向挨星圖

地運 40 年，三五七運當旺，一八運坎宮打劫，城門五七運不用。六運申亥吉，一三四運申吉，二八九運亥吉。

山

三 七 五	八 三 一	一 五 三
二 六 四	四 八 六	六 一 八
七 二 九	九 四 二	五 九 七

向

山

六 一 六	一 五 二	八 三 四
七 二 五	五 九 七	三 七 九
二 六 一	九 四 三	四 八 八

向

六運挨星，四到山，八到向，飛星山向均順，犯上山下水，山生出凶，向生入吉。

七運挨星，五到山，九到向，飛星山向均逆當旺，山生入吉，向尅出凶。

山

		向
五二 七	一六 三	三四 五
四三 六	六一 八	八八 一
九七 二	二五 四	七九 九

山

		向
八一 八	三六 四	一八 六
九九 七	七二 九	五四 二
四五 三	二七 五	六三 一

八運挨星，六到山，一到向，飛星山順向逆犯下水，山向均比和吉。

九運挨星，七到山，二到向，飛星山逆向順，犯上山，山比和吉，向剋出凶。

十四、人元辛山乙向挨星圖

地運 140 年，三五七運當旺，二九運離宮打劫，城門三五運不用，四運寅巳吉，一二八運巳吉，六七九運寅吉。

向

		山
七三 五	三八 一	五一 三
六二 四	八四 六	一六 八
二七 九	四九 二	九五 七

向

		山
一六 六	五一 二	三八 四
二七 五	九五 七	七三 九
六二 一	四九 三	八四 八

六運挨星，八到山，四到向，飛星山向均順，犯上山下水，山生入吉，向生出凶。

七運挨星，九到山，五到向，飛星山向均逆當旺，山剋出凶，向生入吉。

向

二　五	六　一	四　三
七	三	五
三　四	一　六	八　八
六	八	一
七　九	五　二	九　七
二	四	九

山

向

一　八	六　三	八　一
八	四	六
九　九	二　七	四　五
七	九	二
五　四	七　二	三　六
三	五	一

山

八運挨星，一到山，六
到向，飛星山逆向順犯
上山，山向均比和吉。

九運挨星，二到山，七
到向，飛星山順向逆，
犯下水，山剋出凶，向
比和吉。

十五、人元丁山癸向挨星圖

　地運 100 年，五運獨旺，三七運全局合十，二四七九運
坎宮打劫，城門一三五運不用，六九運寅亥吉，四七運寅吉，
二八運亥吉。

山

二　一	六　六	四　八
五	一	三
三　九	一　二	八　四
四	六	八
七　五	五　七	九　三
九	二	七

向

山

一　四	六　八	八　六
六	二	四
九　五	二　三	四　一
五	七	九
五　九	七　七	三　二
一	三	八

向

六運挨星，一到山，三
到向，飛星山逆向順，
犯上山，山比和吉，向
生入吉。

七運挨星，二到山，三
到向，飛星山順向逆，
犯下水，山生入吉，向
比和吉。

山

四三 七	八八 三	六一 五
五二 六	三四 八	一六 一
九七 二	七九 四	二五 九

向

八運挨星，三到山，四到向，飛星山逆向順，犯上山，向剋出凶。

山

三六 八	八一 四	一八 六
二七 七	四五 九	六三 二
七二 三	九九 五	五四 一

向

九運挨星，四到山，五到向，飛星山順向逆，犯下水，山剋出凶，向比和吉。

十六、人元癸山丁向挨星圖

地運80年，五運獨旺，三七運全局合十，一三六八運離宮打劫，城門五七九運不用，一四運巳申吉，二八運巳吉，三六運申吉。

向

一二 五	六六 一	八四 三
九三 四	二一 六	四八 八
五七 九	七五 二	三九 七

山

六運挨星，二到山，一到向，飛星山順向逆，犯下水，山剋入吉，向生出凶。

向

四一 六	八六 二	六八 四
五九 五	三二 七	一四 九
九五 一	七七 三	二三 八

山

七運挨星，三到山，二到向，飛星山逆向順犯上山，山比和吉，向生入吉。

向

三四 七	八八 三	一六 五
二五 六	四三 八	六一 一
七九 二	九七 四	五二 九

山

八運挨星，四到山，三到向，飛星山順向逆，犯下水，山剋出凶，向比和吉。

向

六三 八	一八 四	八一 六
七二 七	五四 九	三六 二
二七 三	九九 五	四五 一

山

九運挨星，五到山，四到向，飛星山逆向順，犯上山，山比和吉，向剋出凶。

十七、地元辰山戌向挨星圖（地元：陽——甲庚壬丙，陰——辰戌丑未）

地運 20 年，三五七運當旺，一四運離宮打劫，城門五七運不用，六運壬庚吉，一三八運壬吉，二四九運庚吉。

山

六六 五	一二 一	八四 三
七五 四	五七 六	三九 八
二一 九	九三 二	四八 七

向

六運挨星，五到山，七到向，飛星山逆向順，犯上山，山比和吉，向剋入吉。

山

七九 六	二四 二	九二 四
八一 五	六八 七	四六 九
三五 一	一三 三	五七 八

向

七運挨星，六到山，八到向，飛星山向均逆當旺，山剋入吉，向生入吉。

121

山

六八 七	二四 三	四六 五
五七 六	七九 八	九二 一
一三 二	三五 四	八一 九

向

八運挨星，七到山，九到向，飛星山向均順，犯上山下水，山生入吉，向剋入吉。

山

九九 八	四五 四	二七 六
一八 七	八一 九	六三 二
五四 三	三六 五	七二 一

向

九運挨星，八到山，一到向，飛星山逆向順犯上山，山比和吉，向生出凶。

十八、地元戌山辰向挨星圖

地運160年，三五七運當旺，六九運坎宮打劫，城門三五運不用，四運丙甲吉，二七九運丙吉，一六八運甲吉。

向

六六 五	二一 一	四八 三
五七 四	七五 六	九三 八
一二 九	三九 二	八四 七

山

六運挨星，七到山，五到向，飛星山順向逆，犯下水，山剋入吉，向比和吉。

向

九七 六	四二 二	二九 四
一八 五	八六 七	六四 九
五三 一	三一 三	七五 八

山

七運挨星，八到山，六到向，飛星山向均逆當旺，山生入吉，向剋入吉。

向

八六 七	四二 三	六四 五
七五 六	九七 八	二九 一
三一 二	五三 四	一八 九

山

八運挨星，九到山，七到向，飛星山向均順，犯上山下水，山剋入吉，向生入吉。

向

九九 八	五四 四	七二 六
八一 七	一八 九	三六 二
四五 三	六三 五	二七 一

山

九運挨星，一到山，八到向，飛星山順向逆，犯下水，山生出凶，向比和吉。

十九、地元丑山未向挨星圖

地運 120 年，二五八運當旺，二八運全局合十，城門一三五八運不用，二四九運丙庚吉，七運丙吉，六運庚吉，四六運合局合三般卦。

向

八二 五	四七 一	六九 三
七一 四	九三 六	二五 八
三六 九	五八 二	一四 七

山

六運挨星，九到山，三到向，飛星山向均順，犯上山下水，山剋入吉，向剋出凶。

向

九五 六	五九 二	七七 四
八六 五	一四 七	三二 九
四一 一	六八 三	二三 八

山

七運挨星，一到山，四到向，飛星山順向逆，犯下水，山生入吉，向比和吉。

向

三六 七	七一 三	五八 五
四七 六	二五 八	九三 一
八二 二	六九 四	一四 九

山

八運挨星，一到山，五到向，飛星山向均逆，當旺，山向均比和吉。

向

二七 八	七二 四	九九 六
一八 七	三六 九	五四 二
六三 三	八一 五	四五 一

山

九運挨星，三到山，六到向，飛星山順向逆，犯下水，山剋出凶，向比和吉。

二十、地元未山丑向挨星圖

地運60年，二五八運當旺，二八運全局合十，城門二五七九運不用，一六八運甲壬吉，三運壬吉，四運甲吉，四六運全局合三般卦。

山

二八 五	七四 一	九六 三
一七 四	三九 六	五二 八
六三 九	八五 二	四一 七

向

六運挨星，三到山，九到向，飛星山向均順犯上山下水，山剋出凶，向剋入吉。

山

五九 六	九五 二	七七 四
六八 五	四一 七	二三 九
一四 一	八六 三	三二 八

向

七運挨星，四到山，一到向，飛星山逆向順，犯上山，山比和吉，向生入吉。

山

六三 七	一七 三	八五 五
七四 六	五二 八	三九 一
二八 二	九六 四	四一 九

向

山

七二 八	二七 四	九九 六
八一 七	六三 九	四五 二
三六 三	一八 五	五四 一

向

八運挨星，五到山，二到向，飛星山向均逆，當旺，山向均比和吉。

九運挨星，六到山，三到向，飛星山逆向順，犯上山，山比和吉，向尅出凶。

二十一、地元甲山庚向挨星圖

地運 40 年，四六運當旺，四六運全局合十，二九運坎宮打劫，城門六運不用，五七運未戌吉，一三四運戌吉，二八九運未吉，三七運犯反伏吟凶。

山

五九 五	九四 一	七二 三
六一 四	四八 六	二六 八
一五 九	八三 二	三七 七

向

山

四八 六	九四 二	二六 四
三七 五	五九 七	七二 九
八三 一	一五 三	六一 八

向

六運挨星，四到山，八到向，飛星山向均逆，當旺，山生出凶，向生入吉。

七運挨星，五到山，九到向，飛星山向均順，犯上山下水，山尅入吉，向生出凶。

山

七九 七	二五 三	九七 五
八八 六	六一 八	四三 一
三四 二	一六 四	五二 九

向

山

六三 八	二七 四	四五 六
五四 七	七二 九	九九 二
一八 三	三六 五	八一 一

向

八運挨星，六到山，一到向，飛星山逆向順，犯上山，山向均比和吉。

九運挨星，七到山，二到向，飛星山順向逆犯下水，向比和吉，山剋入吉。

二十二、地元庚山甲向挨星圖

地運 140 年，四六運當旺，四六運全局合十，一八運離宮打劫，城門四運不用，三五運辰丑吉，一二八運丑吉，六七九運辰吉，三七運犯反伏吟凶。

向

九五 五	四九 一	二七 三
一六 四	八四 六	六二 八
五一 九	三八 二	七三 七

山

向

八四 六	四九 二	六二 四
七三 五	九五 七	二七 九
三八 一	五一 三	一六 八

山

六運挨星，八到山，四到向，飛星山向均逆當旺，山生入吉，向生出凶。

七運挨星，九到山，五到向，飛星山向均順，犯上山下水，山生出凶，向剋入吉。

向
九七 七	五二 三	七九 五
八八 六	一六 八	三四 一
四三 二	六一 四	二五 九
山

向
三六 八	七二 四	五四 六
四五 七	二七 九	九九 二
八一 三	六三 五	一八 一
山

八運挨星，二到山，六到向，飛星山順向逆犯下水，山向均比和吉。

九運挨星，一到山，七到向，飛星山逆向順，犯上山，山比和吉，向剋入吉。

二十三、地元壬山丙向挨星圖

地運 80 年，無當旺運，二四七九運離宮打劫，城門一四六運不用，五七九運未辰吉，二八運未吉，三運辰吉，一九運犯反伏吟凶。

向
三九 五	七五 一	五七 三
四八 四	二一 六	九三 八
八四 九	六六 二	一二 七
山

向
二三 六	七七 二	九五 四
一四 五	三二 七	五九 九
六八 一	八六 三	四一 八
山

六運挨星，二到山，一到向，飛星山逆向順，犯上山，山比和吉，向生出凶。

七運挨星，三到山，二到向，飛星山順向逆，犯下水，山生出凶，向比和吉。

向

五 二 七	九 七 三	七 九 五
六 一 六	四 三 八	二 五 一
一 六 二	八 八 四	三 四 九

山

向

四 五 八	九 九 四	二 七 六
三 六 七	五 四 九	七 二 二
八 一 三	一 八 五	六 三 一

山

八運挨星，四到山，三到向，飛星山逆向順，犯上山，山比和吉，向剋入吉。

九運挨星，五到山，四到向，飛星山順向逆，犯下水，山剋入吉，向比和吉。

二十四、地元丙山壬向挨星圖

地運 100 年，無當旺運，一三六八運坎宮打劫，城門六九運不用，三五運丑戌吉，四七運戌吉，二八運丑吉，一九運犯反伏吟凶。

山

九 三 五	五 七 一	七 五 三
八 四 四	一 二 六	三 九 八
四 八 九	六 六 二	二 一 七

向

山

三 二 六	七 七 二	五 九 四
四 一 五	二 三 七	九 五 九
八 六 一	六 八 三	一 四 八

向

六運挨星，一到山，二到向，飛星山順向逆犯下水，山生出凶，向比和吉。

七運挨星，二到山，三到向，飛星山逆向順，犯上山，山比和吉，向生出凶。

山

二 五 七	七 九 三	九 七 五
一 六 六	三 四 八	五 二 一
六 一 二	八 八 四	四 三 九

向

八運挨星，三到山，四
到向，飛星山順向逆，
犯下水，山剋入吉，向
比和吉。

山

五 四 八	九 九 四	七 二 六
六 三 七	四 五 九	二 七 二
一 八 三	八 一 五	三 六 一

向

九運挨星，四到山，五
到向，飛星山逆向順，
犯上山，山比和吉，向
剋入吉。

第九章　羅盤與二十四山向的確定

第一節　羅盤的使用

　　玄空風水學要堪輿二十四山（向）的方位，故離不開羅盤。用現代的智能手機也可以訂出你要測的山向的方位度數。我們在此介紹古老羅盤的使用方法。

　　羅盤要選用避磁能力強的材質，如電木（塑料）或古老的虎骨、木等材質。

　　（一）羅盤原則不用開光。玄空風水學最終是二黑、五黃兩顆凶星的磁場對人的影響。

　　（二）羅盤平時要平置於沒有磁石及電器的地方。

　　有意思的是中國羅盤的發明歸因於堪輿風水。可遠溯到公元前三世紀，明顯用於定方向，數世紀後才用於航海，比歐洲至少早一個世紀以上。

　　關於羅盤磁針的磁偏角早在公元約900年在《九天玄女青囊海角針》中便有了正針、縫針、中針的討論。天文學的南北方向叫"正針"，向東偏7.5度叫"縫針"，向西偏7.5度叫"中針"。

　　堪輿學中早就注意到磁針的偏角正確，後有二十四山向的兼向之說。

　　羅盤立向

　　玄空風水學首重家室大門，室內人出入頻繁的地方，此方凶險會影響家人的健康、運勢。

　　羅盤平置胸前約 20 厘米，面向建築物約 3—4 米，指針的方位爲玄空的"坐山向"，"山"，其反面方位即爲居室的"向水"。

　　（一）獨立屋以整座建築物座落方位來定坐向，房門爲輔。

　　（二）夥住的大廈要綜合參考大廈的大門，居室的樓層、居室門的方位來考慮，以後者爲主。

　　現代的樓以鋼筋爲主結構，要注意測定時對磁場的影響。

式簡盤蔣正更初竹沈唐錢

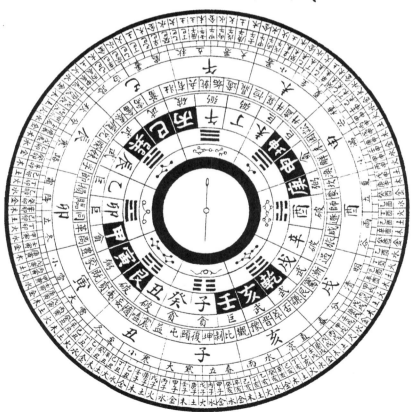

羅盤圖説：

一層洛書，二層先天八卦，三層二十四山，四層兼向替卦，五層先天六十四卦，六層十二次舍，七層二十四候，八層山向飛星爻分金，九層六十四甲子納金分金。

屋宅坐向方位的確定，分幾個步驟次序。一是整個宅的坐向確定。二是建築內中心點的確定。三是建築內九宮方位的確定。

一、陰陽宅坐向的確定

陰宅的坐向確定有兩種方法：

一是舊時土葬以棺椁首尾中點定位，稱爲內分金。（如下圖1）

二是以墓碑的坐向定位，稱爲外分金。當代中國以火葬後，骨灰盒下葬，宜以外分金方法。（如下圖2）

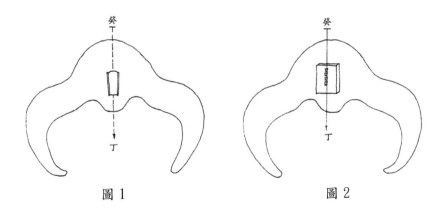

圖1　　　　　　　　　　　圖2

陽宅建築坐相的選擇：

要滿足冬季更多的日照，夏季避免過多的日照，有和緩自然的通風。由於中國處北半球，及季風氣候的特徵，所以以南向或南偏東、南偏西爲理想的朝向。最理想的方位，可依《沈氏玄空學》九運一百八十年，每二十年各有最吉方位可定，並分享吉位 160 年、120 年……不等。

　　陽宅建築的坐向的判斷，主要看氣口。有幾種觀點：
氣口的確定有人以房屋門的入口爲建築朝向；也有人以窗戶多開的一面爲建築的朝向。因爲現代居家一般多閉門，而開窗，故窗爲氣口。總之，需要綜合考慮，以爲確定。

　　確定建築物氣口後，可以用宅內外兩種方法確定建築物的主要方位。

　　（1）宅內確定。（見下圖）人平拿羅盤，面向氣口（門或窗），羅盤指針方向爲向首，背後爲坐山。

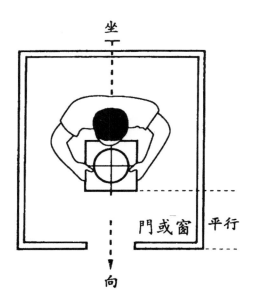

建築內確定方位

（2）宅外確定。（見下圖）人平拿羅盤，朝向氣口（門或窗），羅盤指針方向爲坐山，背後爲向首。現在人們在中國北斗或美國 GPS 之下用智能手機中的羅盤即可替代傳統羅盤，按如上方法確定方位、山向。

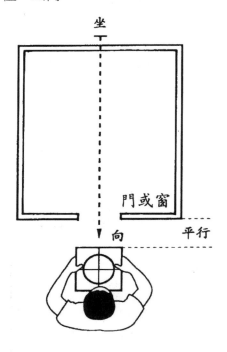

建築外確定方位

二、建築內中心點的確定

整個建築坐向方位確定之後，要從建築平面圖找幾何中心，定爲室內中心點。

（1）矩形、方形。如下圖，對角線連線的交叉點，即爲室內中心點

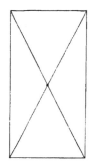

（2）三角形。如下圖。各邊中點與對角連線的交叉點，爲室內中心點。

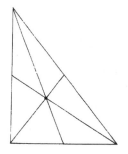

（3）复雜的圖形。如下圖。可在稍硬紙板畫下平面圖，放在尖針（或筆尖）上，找平衡時的重心點，即爲室內中心點。

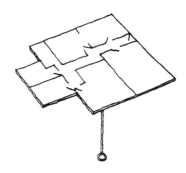

多層居屋從首層起居室找中心點。

135

三、建築內九宮方位的確定

確定了建築坐向，在中心點展開與坐向一致的九宮圖，即可知各居室在九宮圖的位置。舉下圖為例子說明。

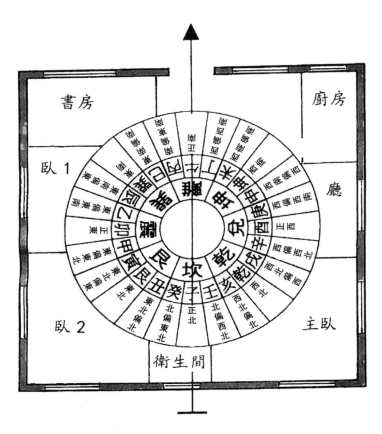

門朝南，書房位東南巽位；臥1位東震位；臥2位東北艮位；衛生間位偏東北位，屬坎位；主臥位西北位，屬乾位；廳位西位，屬兌位；廚房位西南位，屬坤位。

第二節　二十四山向的確定

　　如子山午向，即為坐子（背靠子），向午（面向午），簡稱子午向。

　　羅盤天池即中間有一指南針，指南針將左邊，自"子"至"丙"屬陽，右邊自"午"至"壬"屬陰。

　　羅經

　　"離爲南，坎爲北，兌爲西，震爲東，此四方。"

　　"坎爲翼，艮爲兗，震爲青，巽爲徐，離爲楊，坤爲荊、兌爲梁、乾爲雍，中爲豫，此九州也。"

　　定二十四山："坎北壬子癸，艮居東北，在丑寅之間，震束甲卯乙，巽居東南，在辰巳之間，離南丙午丁，坤居西南，在未申之間，兌西庚酉辛，乾居西北，在戌亥之間，而二十四山定矣。"均用後天。

四方、九州圖

137

關於二十四山的陰陽由來。"盤之體《河圖》也，運之用《洛書》也。用替卦則挨星也。"

"後天再用干與維，八干四維輔支位。"（見《青囊序》。）

"干，十干也，爲甲、乙、丙、丁、戊、己、庚、辛、壬、癸。"陰陽皆與原干相同。四維乾、巽、艮、坤也，皆屬陽。

干取戊己歸中，以爲皇極。剩餘八干爲四正位置。

子、午、卯、酉，皆爲天元，爲陰，輔佐四正。子輔佐壬（地、陽）、癸（人，陰），午輔佐丙（地，陽）、丁（人，陰），卯輔佐甲（地，陽）、乙（人，陰），酉輔佐庚（地，陽）、辛（人，陰）。

先言天干的陰陽：

天一生壬水，地六癸成之，則壬爲陽，癸爲陰，故一六共宗而居北。

地二生丁火，天七丙成之，則丙爲陽，乙爲陰，故二七同道而居南。

天三生甲木，地八乙成之，則申爲陽，乙爲陰，故三八爲朋而居西。

地四生辛金，天九庚成之，則庚爲陽，辛爲陰，故四九爲友而居西。

天五生戊土，地十己成之，則戊爲陽，己爲陰，故五十同途而居中。即所謂陰陽相間。

乾、巽、艮、坤四卦，蔣盤字屬陽。此係河洛之下用，蓋一六共宗合爲七奇，故乾（六）屬陽。二七同道合之爲九奇也，故坤（二）屬陽。三八爲朋，合之爲十一奇，故艮（三）屬陽。四九爲友合之爲十三奇也，巽（四）屬陽。此四卦屬陽。

再言支之陰陽：

支內藏干而講盤理，如：

子、午、卯、酉四正山，子藏癸、午藏丁、卯藏乙、酉藏辛，四干皆陰。故子、午、卯、酉爲陰；

寅、申、巳、亥四維山，寅藏甲、丙、戊，申藏庚、壬、戊，巳藏丙、庚、戊，亥藏壬、甲、戊，藏干皆陽，故寅、申、巳、亥皆陽；

辰、戌、丑、未四庫山，辰藏戊、乙、癸，戌藏戊、辛、丁，丑藏己、癸、辛，未藏己、丁、乙。以支論辰戌原係陽土與戊比和，丑未原係陰土，與己比和，然受乙、癸、辛、丁及癸、辛、丁、乙之分變，使之無力而納於陰中，故辰、戌、丑、未也皆陰。

羅經十二支中僅九宮四維艮、巽、坤、乾的人元寅、巳、申、亥爲陽。

沈氏玄空學將一個山（向）15 度，中間 9 度爲正向，爲此山（向）氣最旺的地方。左右兩邊各 3 度爲兼向，兼向位置沈氏玄空按九運二十四山（向）兼向處理。

在風水羅盤中另有一百二十分金和二百四十分金說。前者二十四山（向）每一個山（向）又分五個，共一百二十個，稱一百二十分金。後者爲每個山向分成 10 分，共二百四十分（金）。每個山向中間爲十分，爲此山（向）最旺的氣，左右氣各減爲九、八、七、六、五分。過五分已到旁邊山（向）的界內了，其氣減弱至四、三、二、一、無。在此不詳述。

第十章　玄空挨星要義

第一節　到山到向與上山下水

（一）旺山旺向共四十八局

三元九運二十四山向共四十八局旺山旺向表

運	山向名稱	運	山向名稱	運	山向名稱	運	山向名稱
二、八運共十二局	乾山巽向 160 年	三、七運共十二局	卯山酉向 40 年	四、六運共十二局	艮山坤向 120 年	五運共十二局	子山午向 80 年
	巽山乾向 20 年		酉山卯向 140 年		坤山艮向 60 年		午山子向 100 年
	巳山亥向 20 年		乙山辛向 40 年		寅山申向 120 年		卯山酉向 40 年
	亥山巳向 160 年		辛山乙向 140 年		申山寅向 60 年		酉山卯向 120 年
	丑山未向 120 年		辰山戌向 20 年		甲山庚向 40 年		乙山辛向 40 年
	未山丑向 60 年		戌山辰向 140 年		庚山甲向 140 年		辛山乙向 140 年
							丁山癸向 100 年
							癸山丁向 80 年
							辰山戌向 20 年
							戌山辰向 160 年
							丑山未向 120 年
							未山丑向 60 年

　　上表除一、九運外，五運十二局，其他運各六局，這樣一共四十八局。

　　每個旺山旺向的局，地運都有其年限。如乾山巽向從八運

140

起管 160 年，而巽山乾向地運 20 年，這一對方向加在一起共 180 年。其他旺山旺向各局，正反也皆共 180 年。如子山午向五運獨旺地運 80 年，午山子向五運獨旺地運 100 年，共 180 年。到年限運止。

旺山旺向即為到山到向。若雙星會合於坐向，且非上山下水，也列為次吉之局。

綜上述，獨缺一、九運旺山旺向。補救的方法有三：

一曰挨合十法：一、九兩運中有乾、巽、巳、亥四向可用。

二曰北斗打劫法：一運有午、丁、戌、甲四向可用，九運有卯、乾、亥、乙四向可用。又二、四、七運丙向，一、三、六、八運壬向，亦均有打劫可取，唯一、三、六、八運壬向是坎宮假打劫。

三曰城門訣：丙向二、八運在未，三、六運在辰，五、七、九運在未、辰，均可用。壬向一、三、五運在丑戌，四、七運在戌，二、八運在丑，亦吉。但一、九兩運在壬丙向犯伏吟，多不用。

（二）星神的生死衰旺

星神吉凶，以運星為旺，生運星者稱為生，剋運星者稱為煞。運星所生者稱為退，運星所剋者稱為死。與運星比合者亦稱為旺。

玄空風水中當運者為旺氣，未來者為生氣，過去者為衰氣，去已遠者為死氣。如八運時，八為旺氣，九為生氣，七為衰氣，四即為死氣。

（三）什麼叫旺山旺向

當令的運（旺）星到坐山的山星位，到向首的向星位為到山到向，又稱旺山旺向。

如逢八運，坐山的山星爲八爲旺，向首的向星爲八爲旺。旺山旺向又稱到山到向。坐山得當令之旺氣，玄空稱之爲 "正神"，其對面一方爲 "零神"，正神的旺氣爲旺，零神的衰氣爲旺，術數認爲零神見水科發。

2004 年至 2023 年即爲下元八運。

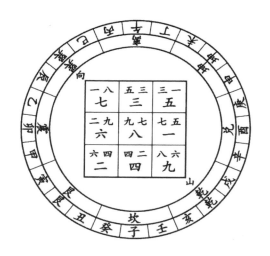

八運乾山巽向圖

八運旺山旺向，到山到向的有六：

乾山巽向，巽山乾向，丑山未向，未山丑向，巳山亥向，亥山巳向。

當令的運星，即爲旺星，觀察山盤上旺星到了向首的山星位，即爲 "下水"，觀察向盤的旺星到了坐山向星位爲 "上山"。

或說，當令運（旺）星，到坐山的向星位爲 "上山"，到向首的山星位爲 "下水"。

　　八運的當運星"八"，在坐山處進入向星位，向首處進入山星位，稱"水神上山沒水喝，山神下水淹死局"，爲凶局。八運中上山下水有六局：坤山艮向，艮山坤向，寅山申向，申山寅向，辰山戌向，戌山辰向。如八運天元艮山坤向：

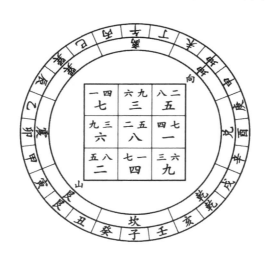

八運天元艮山坤向圖

　　八運的旺星八白到艮山的向位，八白又到坤向的山位。即爲山上的旺星不到山到向，爲"下水"；向上的旺星不到向到山，爲"上山"。即爲上山下水，爲山上龍神下水，水裏龍神上山，係凶殺之地。一般山上飛星順飛犯"下水"，向上飛星順飛犯"上山"。

　　一般規律，坐山的位置，如上例艮山。如運的旺星（八運爲"八"）到右上角向星的位置爲"上山"。

　　在向首的位置，如上例坤向。如運的旺星（八運爲"八"），到左上角的山星位置爲"下水"。

　　「山上龍神不下水，水裏龍神不上山。」「山管山，水管水，山上龍神到山則吉，下水則凶，故曰不下水。水裏龍神到水則吉，上山則凶，故曰不上山。」

　　「上山下水有時亦可葬，總須下水（向首）對面有山。上山（坐山）坐後有水，然終不及到山到向，之爲生旺也。」如二運天元乾山巽向：

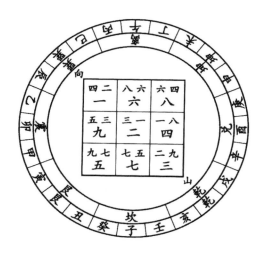

二運天元乾山巽向圖

　　說明：三到山，一到向，震三天元卯陰，山逆，坎一天元子陰，山向皆逆飛，到山到向，當旺，向剋入吉（向星二土被四木剋），山生入吉。（二土被九火生）

　　例如二運天元乾山巽向，巽上有水爲上吉，以水管水而論，水裏龍神到也，倘有水震方來，至坤方去，不知者以爲震方有甲、卯、乙三山，坤方有未、坤、申三方。而向上巽字亦有辰、巽、巳三字。此九字中，有天元，有人元，有地元，則水之雜而不淨。可以想見，豈知能步此水，自有秘訣。只要地覓人元處（即辰、丙、甲三字地元也，巳、丁、乙三字人元也。）。
水不放光，而巽、午、卯三處有水放光，反作吉論。午處有水
裏龍神爲六，六白爲中元吉星。現二運雖上元，六白之氣相距
尚遠，然六白爲中元之統卦氣。以元而論，則上元已得中元之
氣矣。卯字處水裏龍神爲三，三碧爲二黑之未來之氣，相距甚
近。卯爲巽之城門，玄空五行生旺之星，排列城門即吉，他處
稍得衰星，亦可轉禍爲福正得城門之意。因山之缺口，水之三
叉，穴上左右兩宮所見之水，均爲城門一訣，是補山上水裏龍
神不足，藉以助生旺也。

　　除以上到山到向與上山下水兩種外，另有旺星全聚於山或
全聚於向上，謂之雙星會合於坐山，雙星會合於向首，雖有瑕
疵，亦爲次吉之局。雙星會合於坐山，則山旺而向不旺，山管
人丁，向管財，財衰而丁盛。雙星會合於向首，則山不旺而向旺，
人丁雖衰而財盛。故稱爲次吉。

　　切記山向飛星全逆行，必到山到向。山向飛星全順行者，
必犯上山下水。一順一逆，非犯上山，即犯下水。山順犯“下
水”，向順犯“上山”。

第二節　伏吟、反伏吟

一、論伏吟與反伏吟

　　飛星之數與地盤數相同爲伏吟，相反爲反伏吟。（如本節
圖二，向盤五入中，逆排。三在兌七位，三爲震，在兌七的對宮，
爲相反。）逆排字字與地盤合十，不作反吟論。

　　反吟伏吟禍難當，實較上山下水尤凶。犯者主家破人亡。
選葬於此也宜注意。

（一）凡山向飛星，五入中者，順排當字與地盤相同，謂之伏吟。

如天元乾山巽向六運挨星圖：

向星盤五入中，順排如圖，向星盤字字與地盤相同。如向星盤四在地盤巽四位，六在地盤乾六位，其他向星也亦與地盤數相同。

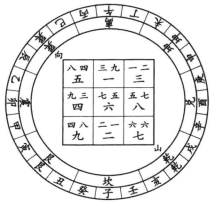

天元乾山巽向六運挨星圖

又如天元子山午向一運挨星圖：

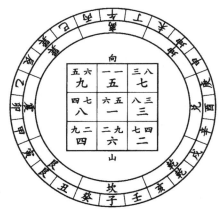

天元子山午向一運挨星圖

146

　　向星盤五入中，逆排如上圖，向星盤字字與地盤合十，不作反伏吟。如向盤一在地盤離九位，一九合十。九在地盤坎一位，一九合十。

　　有山盤犯者，有位位是反吟，位位是伏吟者。以位位犯反吟伏吟及向上犯者較嚴重，坐山稍輕。其它六宮更輕。如有水即解，謂空也。獨向上犯伏吟，無論空實，禍總不免，如有其它煞更凶。除非到山到向之四十八局，令星當道，遇伏吟反吟也無所忌。

　　例如三運天元卯山酉向：

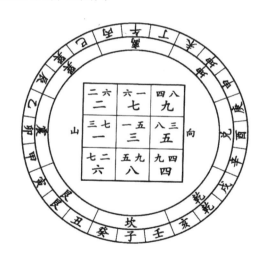

三運天元卯山酉向圖

　　坐山的山盤伏吟，向盤飛星位位反吟。但三運當運旺星"三"到山到向，一權當貴，諸煞攝服，故無所忌。

　　但有雙星會合於向首或坐山之局，猶吉不抵凶。

　　有二、五、八運的艮坤、寅申局，雖伏吟、反吟，但全局合成父母三般卦，仍作吉論。

如八運天元艮山坤向：

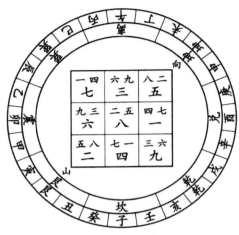

八運天元艮山坤向圖

雖向盤伏吟，但全局各宮皆一四七、二五八、三六九，作吉論。

其餘諸字山向飛星，各論述如下：

（二）凡一入中，逆排者伏吟在震三，順排者反吟在兌七。

震

二	六	四
三	一	八
七	五	九

九	五	七
八	一	三
四	六	二

兌

（三）凡九入中，逆排着伏吟在兌七，順排者反吟在震三。

一	五	三
二	九	七
六	四	八

兌　　震

八	四	六
七	九	二
三	五	一

（四）凡二入中，逆排着伏吟在艮八，順排者反吟在坤二。二八相對。

坤

三	七	五
四	二	九
八	六	一

一	六	八
九	二	四
五	七	八

艮

（五）凡八入中，逆排着伏吟在坤二，順排者反吟在艮八。

坤

九	四	二
一	八	六
五	三	七

七	三	五
六	八	一
二	四	九

艮

（六）凡三入中，逆排着伏吟在巽四，順排者反吟在乾六。

巽

四	八	六
五	三	一
九	七	二

二	七	九
一	三	五
六	八	四

乾

（七）凡七入中，逆排着伏吟在乾六，順排者反吟在巽四。

巽

八	三	一
九	七	五
四	二	六

六	二	四
五	七	九
一	三	八

乾

149

（八）凡四入中，逆排着伏吟在離九，順排者反吟在坎一。

離

五	九	七
六	四	二
一	八	三

三	八	一
二	四	六
七	九	五

坎

（九）凡六入中，逆排着伏吟在坎一，順排者反吟在離九。

七	二	九
八	六	四
三	一	五

坎

離

五	一	三
四	六	八
九	二	七

故除五入中外逆排者有伏吟，而無反吟。順排者有反吟，無伏吟。此種反伏吟與居向首爲禍較輕。

二、再論反吟伏吟

反吟、伏吟共有十二山向。

（一）一、九運之壬丙、丙壬。

例一運壬山丙向：（見下圖）向五入中順行，向盤飛星數與地盤數相同，伏吟，並犯上山（坐山位的向星爲一），一運的"一"如到向首的向盤爲到向，如到坐山的向盤爲上山。

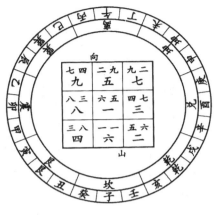

一運壬山丙向圖

（二）二、八運之艮坤坤艮，寅申申寅。

　　如二運在坤山艮向：（見下圖）八到艮（向星），二到坤（向星），與地盤同，向盤伏吟。二爲本山來龍，八爲本向。所謂本山來龍在本向是也。且山盤的"二"到艮位，反吟。本向滿盤毫無生氣，凶不可言。日反吟伏吟禍難當。

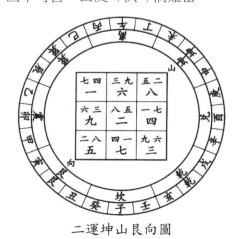

二運坤山艮向圖

例八運艮山坤向：（見下圖）向五入中順行，向盤飛星數與地盤飛星數相同，伏吟，並犯上山下水。

八運艮山坤向圖

（三）三、七運之甲庚庚甲。

例七運甲山庚向：（見下圖）山五入中順行，山星盤數與地盤數相同，伏吟。上山，坐山的向首見七。下水，向星的山星見七。

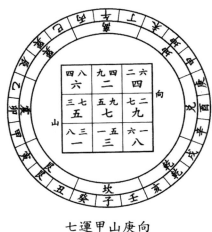

七運甲山庚向

（四）四、六運之巽乾乾巽，亥巳巳亥。

例四運巽山乾向：（見下圖）向的五入中順行，向盤飛星數與地盤數相同，伏吟。犯上山，坐山的向星見四。

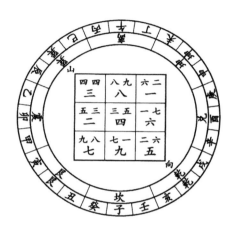

四運巽山乾向圖

（五）五運之艮坤坤艮，寅申申寅，（僅犯反吟，但兼犯上山下水）是也。

例五運艮山坤向：（見下圖）山星盤艮宮二到，向星盤坤宮八到，反吟。上山，坐山的向星見五。下水，向首的山星爲五。反吟伏吟較上山下水爲尤甚

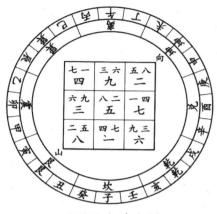

五運艮山坤向圖

　　"或問：反吟伏吟如何記憶？答曰：二五八運坤艮宮，
三七運震兌宮，四六運巽乾宮，一九運坎離宮。凡山向之飛星，
五入中順行，則離又遇離、坎又遇坎，飛星之數與地盤相同。
爲之伏吟。逆行則離宮一到，坎宮九到，爲之反吟。然逆行必
到山到向，辨別甚易。"

三、沈氏玄空秘藏論反吟伏吟

　　"書云：反吟伏吟，泣涕漣漣。又云：反吟伏吟禍難當。
故反吟伏吟實較上山下水尤凶。犯之者主破人亡，造葬於此，
切宜注意。"

　　"何謂反吟，即對宮所犯也。如一白入中，五黃離，到離
之五黃，雖非坎之壬子癸，而實司壬子癸之氣。是五黃臨離，
即壬子癸臨離。故曰在對宮所犯也。"

　　"何謂伏吟，在本宮所犯也。如五黃入中，凡屬順行者，
九星各伏本卦，即六到乾，七到兌，八到艮，九到離，一到坎，

二到坤，三到震，四到巽是也，故曰本宮所犯也。"

"僅有一二宮犯伏吟者，係因山向飛星逆行所到。如一入中逆行，伏吟在震。二入中逆行，伏吟在艮。三入中逆行，伏吟在巽。四入中在離。六入中在坎。七入中在乾。八入中在坤。九入中在兌。此即山向飛星與地盤之卦成伏吟也。又有山向飛星與天盤之卦成伏吟者。"

"如四運午山子向，向盤九入中，逆行。二（向盤飛星）到震。震方天盤挨二，向星之二飛伏於天盤二之上，亦謂伏吟。其他類推。總之一二宮犯伏吟，是常有的事。如遇向星犯伏吟，只要該方有水圓或氣空不閉塞不通，則吉。若有凶水沖射，或不通氣則凶。又遇山星犯伏吟，只要該方山形方圓有情則吉。"
例四運午山子向：（見下圖）山順向逆，四到向首的山盤，犯下水。

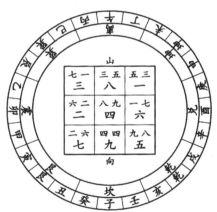

四運午山子向圖

特別注意，此處沈提出，飛星盤飛星數與天盤（運盤）的飛星數相同，也爲伏吟。如向盤的"二"到震，震上的運盤也爲"二"，也謂伏吟。

"山形探頭斜竄則凶，故山向二字，須分得清，不可以向斷山，以山斷向，所謂山管山，水管水也。"

如一運在壬山丙向：（見下圖）向上飛星數與地盤數相同，九到離，山上飛星一到坎。九一兩字，與地盤同，爲伏吟。一爲本山來龍，九爲本向。

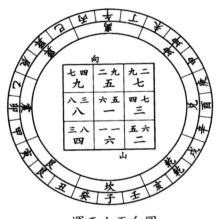

一運壬山丙向圖

如向上飛星

一入中逆飛，三到震；

二入中逆飛，八到艮；

三入中逆飛，四到巽；

六入中逆飛，一到坎；

七入中逆飛，六到乾；

八入中逆飛，二到坤；

九入中逆飛，七到兌。

以上逆飛之數，多伏吟，倘飛到之處，其氣不空，又向不當令，亦凶，然禍不及向首之烈。

156

一九運的壬丙、丙壬、雙一雙九到山到向。

二八運的艮坤、坤艮、寅申、申寅，山之二八到向，向之二八到山。

三七運的甲庚、庚甲，山之三七到向，向之三七到山。

四六運的巽乾、乾巽、巳亥、亥巳，雙四雙六臨山臨向。

五運的艮坤、坤艮、寅申、申寅，犯反吟，兼犯上山下水。

如艮山坤向二運：（見下圖）山星盤伏吟，向盤飛星“二”到艮山位，二運艮山坤向爲反吟。且二到艮山的向位，到坤向的山位，也爲上山下水。

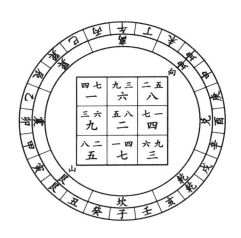

二運艮山坤向圖

如一運壬山丙向：（見下圖）一白入中，五到丙向，再五入中順行。向上飛星數與地盤數相同謂向盤伏吟。

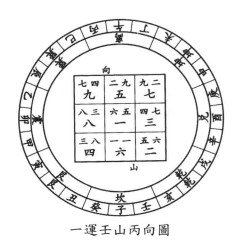

一運壬山丙向圖

反吟伏吟的規律：

二五八運坤艮宮，

三七運震兌宮，

四六運巽乾宮，

一九運坎離宮。

第三節　父母三般卦、三般卦、北斗打劫

一、父母三般卦、三般卦

玄空中有幾個概念：

（1）父母三般卦，即：一四七、二五八、三六九。

（2）三般卦：一二三、二三四、三四五、四五六、五六七、六七八、七八九、八九一、九一二。

（3）真神路者，即隔四位起父母也。如離、乾、震宮。北斗者，隨時立極之氣。

一四七、二五八、三六九即玄空三般大卦，能合三般最爲吉格。

父母三般卦有兩種：

（一）任何飛星盤中如果一四七、二五八、三六九，連環出現在一宮之內，爲吉象。

如八運坤山艮向：（見下圖）

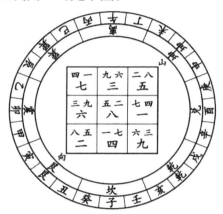

八運坤山艮向圖

此九宮中各宮中皆出現一四七、二五八、三六九。如坎一宮一四七，坤二宮二五八，震三宮三六九，巽四宮一四七，中宮二五八，乾六宮三六九，兌七宮一四七，艮八宮二五八，離九宮三六九。

（二）父母三般卦的數中當令運星出現離宮，爾後乾震宮，或當令運星出現在坎宮，爾後巽兌宮。注意：都是出現在向星位。

當令旺星必同到向首（向首宜有水），不合此者不能打劫。離宮打劫爲真，坎宮打劫爲假。

如四運壬山丙向離宮打劫：（見下圖）四運四入中，運星震二、乾五、離八，合二五八三般卦。向上飛星震一、離四、乾七，合一四七。離宮打劫。山上飛星乾一、離四、震七，合一四七。向星山星雙四同到。

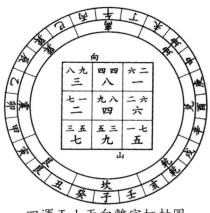

四運壬山丙向離宮打劫圖

　　如四運午山子向：（見下圖）四運四入中，運星巽三、兌六、坎九，合三六九三般卦。山上飛星兌一、坎四、巽七；向上飛星巽一、坎四、兌七；各合一四七三般卦。坎宮打劫。向星山星雙四同到。

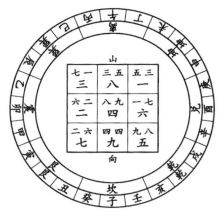

四運午山子向圖

二、北斗打劫

打劫者，劫未來之氣而用之，即上元劫中元之氣，中元劫下元之氣。

打劫有二，不獨離打劫，坎宮也能打劫。但離、乾、震宮合三般為真劫，首先要求當令運星在離宮的向上，爾後乾、震宮出現父母三般卦。坎、巽、兌宮合三般為假打劫。

打劫之劫，遜於旺山旺向。

如天元子山午向挨星圖中，一、三、六、八運為離宮打劫。可查挨星排列，一運離宮向上飛星為一，三運離宮向上飛星為三，六運離宮向上飛星為六，八運離宮向上飛星為八。而且在這幾個運中，離、乾、震三宮的向上飛星，各為一四七（一運），三六九（三運、六運），二五八（八運），證實為離宮打劫。

如天元午山子向挨星圖中，二、四、七、九運為坎宮打劫。在二運坎宮向上飛星為二，四運坎宮向上飛星為四，七運坎宮向上飛星為七，九運坎宮向上飛星為九。而且在兌、巽、坎三宮的向上飛星，各為二五八（二運），一四七（四運、七運），三六九（九運），證實為坎宮打劫。

（一）離宮打劫

上元：一運午丁戌申四向。

　　　二運卯乙丙三向。

　　　三運午丁二向。

中元：四運戌丙二向。

　　　六運午乾亥丁四向。

下元：七運丙向。

　　　八運午丁申三向。

九運卯乾亥乙丙五向。

（二）坎宮打劫

上元：一運酉巽巳辛壬五向。

二運子癸庚三向。

三運壬向

中元：四運子癸巽巳四向。

六運辰壬二向。

下元：七運子癸二向。

八運酉辛壬三向。

九運子癸庚辰四向。

例九運壬山丙向：（見下圖）九在丙向中的山盤，犯下水。

離宮打劫：向上飛星乾、震、離宮，各爲三六九。

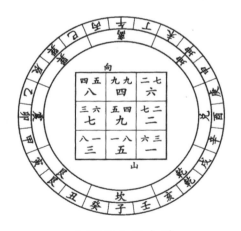

九運壬山丙向圖

例八運艮山坤向：（見下圖）山星之八到向首，下水。向

星之八到坐山，上山。離宮合三般卦三六九。

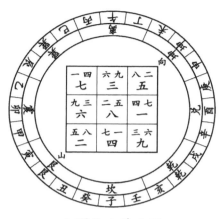

八運艮山坤向圖

三、三般卦

三般卦有三般卦、（天地）父母三般卦。

三般卦即一二三、二三四、三四五、四五六、五六七、六七八、七八九、八九一、九一二。

父母三般卦：一四七、二五八、三六九。

（天地）父母三般卦：各元運之挨星飛星三卦也。挨星爲父母卦。向上飛星爲天卦，山上飛星爲地卦，故曰天地父母三般卦也。

全局合三般卦：即九宮各宮之挨星要各自合得一四七、二五八、三九六之父母三般卦。

父母三般卦之妙用在貫通上、中、下三元之氣，使天地陰陽之化機，隨時孕育，生生不已。而雖上山下水反伏吟受卦氣之潛移默化不致爲凶。

如二運寅山申向，（見下圖）犯上山下水，反伏吟，得全局合三般卦。

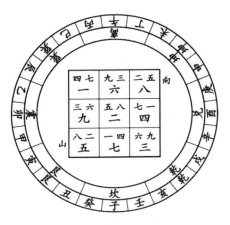

二運寅山申向圖

　　申向八入中，寅山五入中。山向順飛，二到申向的山星，下水。二到寅山的向星，上山。五入中順行，離宮見九，坎宮見一，伏吟。但全局合三般卦，各宮皆一四七、二五八、三九六。雖有上山下水，伏吟不致為凶。

又如二運坤山艮向，（見下圖）犯上山下水，反伏吟，得全局合父母三般卦。

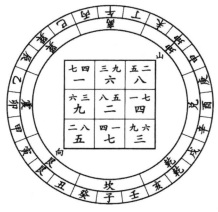

二運坤山艮向

164

山八入中，向五入中，山向皆順飛，上山下水。五入中順飛，離宮見九，坎宮見一，伏吟。但有全局三般卦不致為凶。

"父母三般卦與三般卦有別。父母三般卦，即經四位起父母，是坎至巽，巽至兌，兌至坎。""其數為一四七、為二五八、為三九六。如一運一入中，坎之天盤為六，與中一，一六共宗也。巽方為九，兌方為三，即三六九也。……若以向首論之，一運子山午向，向上飛星，離宮為一，乾宮為四，震宮為七，即一四七也。真為真假之真，神以一運而論，向上之一，即神也。路即二十四路也。北斗七星指坎言，以坎去離，而向首之飛星，必與坎宮合十，或生成，故曰相合。打劫之法，遠不如到山到向，一九兩運無到山到向者，用之可也。"（見沈竹礽《地理辨正訣要‧天玉經》）

或當令運星首先在坎宮上，爾後在巽、兌出現父母三般卦打劫效力，終遜於旺山旺向。

例如天元子山午向挨星圖中：

一運向上的飛星，在離位為一，乾位為四，震位為七，組合一四七。

三運向上的飛星，在離位為三，乾位為六，震位為九，組合三六九。

六運向上的飛星，在離位為六，乾位為九，震位為三，組合六九三，即三六九。

八運向上的飛星，在離位為八，乾位為二，震位為五，組合八二五，即二五八。

以上為離宮打劫。

如八運子山午向：（見下圖）

165

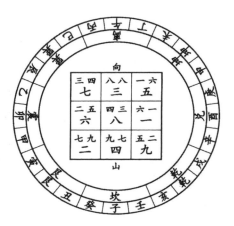

八運子山午向圖

　　八運挨星，四到山，三到向，飛星山順、向逆，犯下水（八到向的坐山星），向比和吉，山剋出凶，坐山的山星九火剋向星的七。

　　當運八到離宮的向星位，乾宮向星位二，震宮向星位五，為離宮打劫，也可稱父母三般卦。

如九運子山午向：（見下圖）

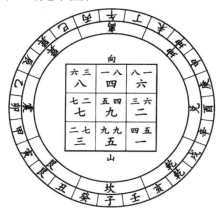

九運子山午向圖

　　九運挨星，五到山，四到向，飛星山逆、向順，犯上山。向剋出凶。（向首的向九火剋坐一的水。）

　　又例如天元午山子向挨星圖中：

　　二運向上的飛星，在坎位為二，巽位為八，兌位為五，組合二五八。

　　四運向上的飛星，在坎位為四，巽位為一，兌位為七，組合一四七。

　　七運向上的飛星，在坎位為七，巽位為四，兌位為一，組合一四七。

　　九運向上的飛星，在坎位為九，巽位為六，兌位為三，組合三九六。

　　以上為坎宮打劫。

　　連環三般卦反凶為吉。

　　飛星組合中除一四七、二五八、……如飛星組合連珠，亦作吉數。

　　例如八運辰山戌向，（見下圖）本為上山下水，但連珠三般卦，可得人和。

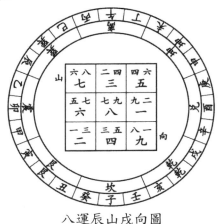

八運辰山戌向圖

雙星打劫旺財，不旺身體，九星中有"雙星打劫"之局。如八運乙山辛向（見下圖）雙八到向，打劫即搶錢。又八到向首的山星位，犯下水。

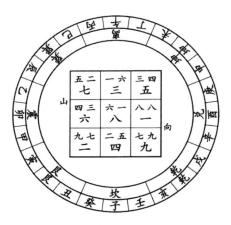

八運乙山辛向圖

第四節　生入、生出、剋入、剋出、比和

挨星圖中，在左上角（山星），右上角（向星）的數字，按九宮論一坎水、二坤土、三震木、四巽木、五中土、六乾金、七兌金、八艮土、離九火。

在坐山位置，判斷吉凶以山星爲主角，向星爲配角。

在向首位置，判斷吉凶以向星爲主角，山星爲配角。

當依五行相生相剋關係：當主角被配角生，則爲生入，爲吉；當主角被配角剋，則爲剋入，爲吉。當主角去生配角，爲生出，爲凶；當主角去剋配角，爲剋出，爲凶。

若主角與配角爲同類，五行爲比和，也即當主角是被動的，被生（生入）、被剋（剋入）皆吉；當主角是主動的，去生（生出）、去剋（剋出）皆凶。

凡向上遇生入、剋入，比和者，吉者主財足，向管財祿；

凡山上遇生入、剋入，比和者，吉者主人丁旺，山管人丁。

如在同樣的"一、三"，向首位置"一、三"，向爲主：山一水生三木向，向三木被生，吉，爲生入；而在坐山位置"一、三"，山爲主，一水生三木，主角的一水生三木，主角生配角爲生出，爲凶。

"從外生入名爲進，定知財寶積如山。從內生出名爲退，家內錢財皆盡費，生入剋入名爲旺，子孫高官盡富貴。"

"外，賓也。內，主也。主剋賓，爲剋出；賓剋主，爲剋入。主生賓，爲生出；賓生主，爲生入。生入、剋入爲吉，是爲進神。生出、剋出爲退，是爲退神。又有比和，如一運午山子向，雙星會合於向首，遇一一者，即比和是也。……上山下水之地，雖生入、剋入，而無能趨吉。到山到向雖剋出、生出，而亦可避凶。所謂向首一星災禍柄，因禍福關鍵，皆在向首也。"（見沈竹礽《地理辨正訣要·青囊奧語》）

第五節　令星入囚（地運長短）

地有運，稱爲地運。每一個山向，每運都有一定長短，地運長短，以向上論之。

壬子癸三向，地運 100 年；丑艮寅三向，地運 60 年；

甲卯乙三向，地運 140 年；辰巽巳三向，地運 160 年；

丙午丁三向，地運 80 年；未坤申三向，地運 120 年；

庚酉辛三向，地運 40 年；戌乾亥三向，地運 20 年；

169

每山向地運長短與其轉180度的山向地運長短之和恰爲180年。如壬子庚三向地運100年，其轉180度丙午丁三向地運80年，兩則之和恰爲180年。其它也然，有此規律便於記憶。

所謂令星入囚，例如一運巽山乾向，地運20年，20年一過，一出運就入囚，出運後二運面臨，地運20年盛氣已過稱爲入囚。地運脫出宜建石碑補救。惟五運無入囚之說。

又如六運艮山坤向：（見下圖）

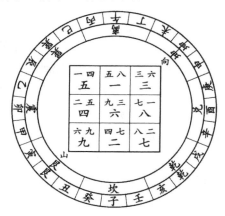

六運艮山坤向圖

六運艮山位，乾六到山位，爲乾山，乾峰。坤向位乾六到向位，爲乾向，乾水。乾山乾向，乾水乾峰，乾山乾向，乾水乾峰出狀元。此乾非二十四山呆方位，乃玄空當令氣，活潑之乾也。

第六節　城門訣

立穴定向以城門爲重，蓋城門乃穴內進氣之關口、關鍵。

若玄空生旺之星，排到城門即吉，他處有衰星，也可轉禍爲福。若城門輪到衰死之星，則凶。城門吉，效力最強，較旺山旺向爲甚。但無長運，出運則敗。

城門與地理環境有關：四山環繞，獨一處有缺口，即城門。其方位恰在向首之旁兩宮。面對向首，左爲正格城門，右爲變格城門。例如巽山乾向，乾向之水口。左爲正格城門，坎宮中之天元子。右爲變格城門，兌宮中之天元酉。獨子方有缺口，可用城門訣。城門同時天元配天元，人元配人元，地元配地元。

八國城門鎖正氣

用山有山之城門，用水有水之城門。將當元得令之星排到城門。

城門者，即水交三八（二十四山向）是也。

如子山午向，以坤、巽兩字爲城門，

午山子向，以乾、艮兩字爲城門，

乾山巽向，以午、卯兩字爲城門，

巽山乾向，以子、酉兩字爲城門，

酉山卯向，以巽、艮兩字爲城門，

卯山酉向，以坤、乾兩字爲城門，

艮山坤向，以午、酉兩字爲城門，

坤山艮向，以子、卯兩字爲城門，

此舉天元龍而言，人元、地元依次類推。三合謂之黃泉，即城門也。

如山有缺口，水放光漾。方合城門一訣。八國者如天元龍爲子午卯酉乾巽艮坤也。

如二運午山子向（見下圖），諸山環圍，若艮字有水放光，即合城門之用，然天元、地元、人元諸向城門之理，要遇陰字逆行則可，陽字順行即不合。所謂鎖者，以城門生旺之氣，鎖

171

住七國死衰之氣也。出運則敗

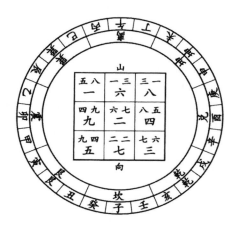

二運午山子向圖

三元九運二十四向城門旺星所到方位一覽表

向 \ 元運	上元			中元			下元		
	一運	二運	三運	四運	五運	六運	七運	八運	九運
壬	戊、丑		丑	戊、丑	戊	戊、丑		戊	丑
子		乾		艮		乾、艮	艮	乾	乾、艮
癸		亥		寅		亥、寅	寅	亥	亥、寅
丑	壬、甲		壬	甲		壬、甲		壬、甲	
艮		子、卯	卯	子	子	子、卯		子、卯	子、卯
寅		癸、乙	乙	癸	癸、乙		癸、乙		癸、乙
甲	丑	丑	丑、辰		丑、辰	辰	辰	丑	辰
卯	巽	巽		艮、巽		艮	艮	巽	艮
乙	巳	巳		寅、巳		寅	寅	巳	寅
辰	甲	丙		甲、丙		甲	丙	甲	丙
巽	午	卯	卯、午		午	午	午	卯	卯
巳	乙	乙、丁			乙、丁	丁	乙	丁	乙
丙		未	辰		辰、未	辰	辰、未	未	辰、未
午	巽、坤	巽	坤	巽、坤		坤		巽、坤	
丁	巳、申	巳	申	巳、申		申		巳	
未		丙、庚		丙、庚		庚	丙		丙、庚
坤	午、酉		午、酉	午、酉		午	酉	午、酉	
申	丁、辛		丁、辛	丁、辛		丁	辛	丁、辛	
庚	戊	未	戊	戊	未、戊		未、戊	未	未
酉	坤	乾	坤	坤	坤、乾		乾	乾	
辛	申	亥	申	申	申、亥		亥	亥	
戌	壬	庚	壬	庚		庚、壬	壬	庚	
乾	酉	子	酉	子		酉、子	酉	子	
亥	辛	癸	辛	癸		辛、癸	辛	癸	
向 \ 元運	一運	二運	三運	四運	五運	六運	七運	八運	九運

第七節　生成合十

滿盤合十者，則八宮卦氣均與中五相通，即藉中宮戊己之力，陰陽二氣互爲交感，化育無窮，而丁財鼎盛。故山向星滿盤合十最吉。僅中宮與山或向合十者，亦得吉，如四運卯酉（見下圖）、四運酉卯。

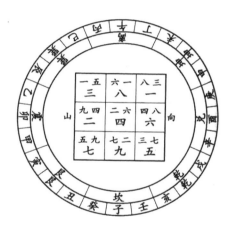

四運卯山酉向圖

中宮四六合十，向首四六合十，乾宮飛星三七亦合十，雖上山下水，吉足抵凶。

星組見夫婦合十轉凶爲吉。

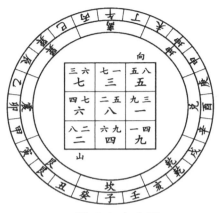

八運丑山未向圖

八運丑山未向（坐東北向東南）（見上圖）的元運較長。對夫妻感情較好，星象呈現夫婦合十的吉祥局面，合十是與《河圖》數吉氣相通之象。上例中滿盤各宮運盤飛星數與山盤飛星數皆合十。

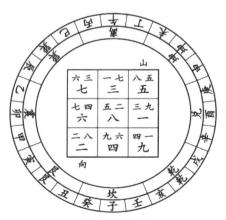

八運未山丑向圖

八運挨星，五到山，二到向，（見上圖）飛星山向均逆，當旺，山向均比合吉。向星與運盤相加合十爲吉

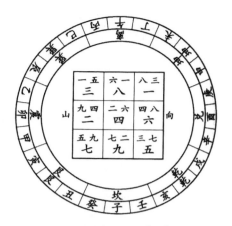

四運卯山酉向圖

四運卯酉（見上圖），中宮四六合十，向首四六合十，乾宮飛星三七亦合十，雖上山下水，吉足抵凶。

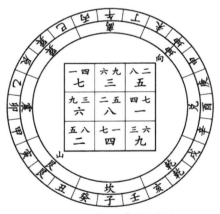

八運艮山坤向圖

八運挨星，二到山，五到向，（見上圖）飛星山向均順，犯上山下水，山向均和比吉。

中宮二八合十，坐山二八合，坤宮飛星二八合十，雖上山下水吉足抵凶。

第八節　零神、正神

正神爲當元之令神，零神爲其對待。

如一運以一白爲正神，九紫爲零神。

五運五黃爲正神，前十年寄坤二，則以八白爲零神，後十年寄艮八，二黑爲零神。

"零神在向，零神所居曰零堂。正神在山，正神所居曰正位。然零正兩神，亦有陰陽之分。零神，一運以離爲零神，坎爲正神。……凡天盤五字到向。陰則爲零神，陽則爲伏吟，故一運五到離，午丁方有水爲零神，丙方則爲伏吟·二運五到艮，丑方有水爲零神，艮寅方爲伏吟。三運五到兌，酉辛方有水爲零神，庚方爲伏吟。四運五到乾，戌方有水爲零神，乾亥方爲伏吟。四運五到乾，戌方有水爲零神，乾亥方爲伏吟。餘类推。玄空之法，到山到向爲最吉，若到山到向，又遇零神，則發福尤速。……到山到向之地，又遇零神者，在二運係未丑，三運係卯酉乙辛，五運前十年係未丑，後十年係丑未，七運係酉卯辛乙，八運係丑未，惟此數局而已。正神是指山，到山到向之地，而零正得宜者，僅丑未與未丑耳。"（見沈竹礽《地理辨正訣要·天玉經》。）

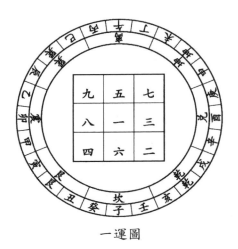

一運圖

零神、照神

凡水之宮位與運合十者爲"正吉零神"，合生成者爲"催吉照神"。故一、二、三、四之運須收九、八、七、六之水爲正吉零神。六、七、八、九之水爲催吉照神。反之六、七、八、九之運以四、三、二、一之水爲正吉零神，一、二、三、四之水爲催吉照神。其方位不若配水之，以流转星辰爲斷，而以元旦盤爲歸。

如一白（水）主運，以離（火九）宮爲正吉零神，（一九合十）乾（金）宮爲催吉照神（金生水）。艮（八土）、兌（七金）兩宮爲吉照。

二黑（土）主運以艮（土八）宮爲正吉零神（二八對待）。兌（金）宮爲催吉照神。離（九火）、乾（六金）兩宮爲吉照。

三碧（木）主運以兌宮爲正吉零神（三七對待），艮（土八）宮爲催吉照神。離（九火）、乾（六金）兩宮爲吉照。

四綠（木）主運以乾（六）宮爲正吉零神，離（火）宮爲催吉照神。艮（土）兌（金）兩宮爲吉照。

178

　　六白主運以巽（木四）宮爲正吉零神，坎（水）宮爲催吉照神。坤（土）震（木）兩宮爲吉照。

　　七赤（金）主運以震（三）宮爲正吉零神，坤（土）宮爲催吉照神。坎（水）巽（木）兩宮爲吉照。

　　八白（木）主運以坤（二）宮爲正吉零神，震（木）宮爲催吉照神。坎（水）巽（木）兩宮爲吉照。

　　九紫（火）主運以坎（一）宮爲正吉零神，巽（木）宮爲催吉照神。坤（土）震（木）兩宮爲吉照。

　　惟五黃（土）主運須分甲申、甲午兩旬，上十年以戌丑爲正吉零神，午（火）丁（火）爲催吉照神。下十年以辰未爲正吉零神，子庚爲催吉照神。

　　正神、零神

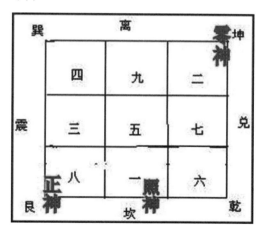

　　逢八運者，山星爲八爲旺，向首爲八爲旺，又到山到向，得當令之旺氣，玄空稱之爲“正神”，其對面爲“零神”，“正神”旺氣爲旺，“零神”衰氣爲旺，“零神”見水科發。

　　“如現在二運，用丑山未向，爲到山到向之局。而向上有

179

水，又爲零神，其地無休咎矣。倘坐山之後，又有大山。向水之前，又有明水，局勢寬大。故以雙山雙向形容之。言到山者不止一山，到向者不止一水也。則其地之富貴可卜。此種地向上遇正神。」（見沈竹礽《地理辨正訣要‧天玉經》。）

論陰陽零正

零正即陰陽，當元之令神爲正神，與正神對待者爲零神。

	正神	零神
一運	一白	九紫
二運	二黑	八白
三運	三碧	七赤
四運	四綠	六白
六運	六白	四綠
七運	七赤	三碧
八運	八白	二黑
九運	九紫	一白
五運	五黃	前十年寄坤二，以八白爲零神，後十年寄艮八，以二黑爲零神。

第十一章　九星斷事

第一節　詳論九星

風水中的紫白九星是按《洛書》九宮軌道運行的，進入中宮爲當令之星。八運以八白左輔爲當運，八運運盤，八入中宮。七赤破軍爲退氣運，凶。九紫右弼爲未來運，爲吉星。五黃爲著名凶星，在八運時，爲過去星失令，主凶。但五黃星在四運及五運爲吉星，旺丁旺財。

一白	二黑	三碧	四綠	五黃	六白	七赤	八白	九紫
貪狼	巨門	禄存	文曲	廉貞	武曲	破軍	左輔	右弼

除三元九運外，年有年運，九紫飛星在每年都有一星主事當令爲吉。

紫白九星在當令和失令各有哪些吉凶呢？

一白飛星

一白名貪狼星，五行屬水，後天八卦位於坎位北方。

當令時爲官財星，主得名氣及官位，此星到位主得聰穎男丁，與六白、八白齊稱三大財星。

失令時爲桃花劫。

當前八運（2004 年至 2023 年），八運是吉星，一白爲未來之星，屬吉星，至 2064 年二運當令開始，一白爲過去之星，開始失令。

一白在年運中的表現

2007 年一白飛星飛臨東南方，主定中、長女科發，長女居東南方更應驗。2008 年一白飛臨中宮，此方爲八運當令位，兩大吉星會合，家室旺丁旺財。2009 年一白到西北方，主定男主人科發，宅門開西北方更應驗。

二黑飛星

二黑名巨門星，五行屬土，顏色爲黃，後天八卦位於坤位西南方。

當令時興隆置業，旺丁旺財。

失令時爲病符。

當前八運二黑屬一級凶星，此星至 2064 年後才入二運，爲當令之星。

在年運盤二黑列在那個方位，皆爲凶星。2007 年二黑入中，全家不利。2008 年二黑到西北方，對男主人不利。2009 年二黑在正西方，不利家中幼女。

三碧飛星

三碧名祿存星，五行屬木，顏色爲青綠色，後天八卦位於震位正東方。

當令時，興家立業，官星大利。

失令時，官符星，易招刑險是非。

當前八運，三碧失令所到處不利。此星到三運才止凶。

四綠飛星

四綠名文曲星，五行屬木，顏色爲翠綠色，後天八卦位於巽位東南方。

當令時爲文昌星，利文化藝術、科甲成名、進財進產。如小孩坐該星飛臨之方，利學業猛進。

失令時爲桃花劫，招酒色之禍。

當前八運，四綠星失令。

五黃飛星

五黃名廉貞星，五行屬土，顏色爲黃色。後天八卦位於中宮。

當令時，位於中宮，五黃星只於五運當令。

失令時，稱爲五黃煞，爲九星中最凶之星，掌死亡之事。

八運時，五黃爲退運星，主下凶。五黃到處，相應方的人必有凶。

六白飛星

六白名武曲星，五行屬金，顏色爲白，後天八卦位於乾位西北方。

當令時爲財星、偏財星，與一白、八白合稱三大財星。旺時丁財兩旺。

失令時，失財失義。

六白到之處，利相應人士招偏財。

七赤飛星

七赤名破軍星，五行屬金，顏色爲白，爲金銀之色，後天八卦兌位西方。

當令時，利口才工作的人。

失令時，口舌是非，刀光劍影。

八運時，七赤爲退運之星，凶中來吉。

八白飛星

八白名左輔星，五行屬土，顏色爲白、淺黃色，後天八卦在艮位東北方。

當令時稱太白財星，是一級財星，與一白、六白齊名，此星帶來功名富貴，置業成功，爲九星中第一吉星。

失令時爲失財失義。

八白財星飛臨之處，相應人士財運大旺。

九紫飛星

九紫名爲右弼星，五行屬火，顏色爲紅爲紫，後天八卦在離位正南方。

當令時，此星爲一級喜慶星、愛情星，天乙貴人盈門吉慶，旺丁旺財。

失令時，此星爲桃花劫星。

九星的陰陽之分

陰性星：二黑坤、四綠巽、七赤兌、九紫離。

陽性星：一白坎、三碧震、六白乾、八白艮。

最忌陰陰或陽陽相會，如二黑九紫，二黑四綠，四綠七赤必凶。

運星在地盤位的吉凶表

運星\\地盤	坎水一白	坤土二黑	震木三碧	巽木四綠	戊己土五黃	乾金六白	兌金七赤	艮土八白	離火九紫
坎一水	旺	死	生	生	生	退	退	死	煞
坤二土	煞	旺	死	死	比旺	生	生	比旺	退
震三木	退	煞	旺	比旺	煞	死	死	煞	生
巽四木	退	煞	比旺	旺	煞	死	死	煞	生
戊己土	煞	比旺	死	死	旺	生	生	比旺	退
乾六金	生	退	煞	煞	退	旺	比旺	退	死
兌七金	生	退	煞	煞	退	比旺	旺	退	死
艮八土	煞	比旺	死	死	比旺	生	生	旺	退
離九火	死	生	退	退	生	煞	煞	生	旺

九星配色之理

①一、六、八即坎水、乾金、艮土，何以配色白。

坎水旺於冬仲，水氣清，色白。

乾金，位於秋去冬來，火氣盡而水氣透，曰白。

艮土，位於水之後，且冬去春來，其白潔淨，不曰黃，曰白。

②震三木，旺於春仲，青色尚淺，故曰碧。

巽四木，旺於春去夏來，青色已深，故曰綠。

③離火，旺於夏，火色赤中帶黑，曰紫。

④坤土，位於火之後，夏去秋來，不曰黃，曰黑。

⑤兌金，旺於仲秋，火氣猶存，曰赤。

⑥中土，獨爲黃。

五黃

五黃爲大煞。惟山向飛星逢之，切宜小留。運望五黃所到，忌高宜平。例如一運，運盤五黃道離位。如午丁向，則向前案砂，不宜過近，猶不宜高，高亦須平正，近須隔河水或低田，則無妨。五黃向前要平，有土山要低、遠，有水隔住最好。五黃坐山，宜作圍城，圍城宜高於墳。

第二節　飛星吉凶

由運及山向飛星排位確定後，住宅之中，每個方位依飛星組合可以斷事。

（一）宅門是氣口

一家之中，人丁經常出入的大門、車庫門是一宅的氣口。在此方位的飛星組合有催旺作用，吉則更吉，凶則更凶。有一、六、八，三顆吉星爲佳。

（二）吉星當道，餘凶減弱

一宅之中重要部位，如氣口或主臥、起居室有吉星且催旺，如當今八運之時，有當令八白星，有九紫未來之星，其它方位的不吉之兆會減低。不必宅內處處飛星斷事及布局。

（三）主看山星、向星、年星

山星盤、向星盤是由運盤和山向而確定的，故山、向之星為重要，加上當年運的飛星，為分析的重點。

（四）忌陰陰或陽陽相合

九星陰陽之分：

陽性星：一白坎、三碧震、六白乾、八白艮。

陰性星：二黑坤、四綠巽、七赤兌、九紫離。

飛星斷事，陰陽相生，忌陰陰或陽陽相會。如二黑九紫、二黑四綠、四綠七赤相會必凶。

（五）飛星忌伏吟反吟

伏吟反吟死亡之象。

伏吟和反吟在前第十章已有介紹，再以例說明。

八運天元龍艮山坤向，向星伏吟。（見下圖）

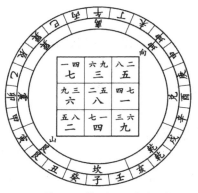

八運天元龍艮山坤向圖

艮山位上二入中，運盤數爲二。艮天元龍對應坤二的天元龍順飛。坤向位上運盤數爲五，五入中。坤天元龍對應運盤爲五，即寄宮坤二的天元龍坤陽順飛。向星盤中五入中順飛，向星盤中二到坤二與元旦盤（原九宮盤）相同，爲向星伏吟。

五運地元龍辰山戌向，山星反吟。（見下圖）

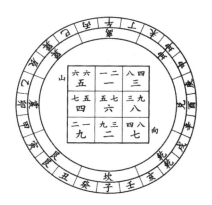

六運地元龍辰山戌向圖

辰山在運盤數爲五，五入中。辰山在運盤五位，五寄宮巽四，巽四地元龍爲辰，爲陰逆飛。戌向在運盤爲七，七入中。地元龍戌對應兑七地元龍庚陽順飛。注意山星盤與元旦盤皆反，如山星六飛到東南巽四位，而山星四到西北乾六位，爲反伏。另外雖然有山星盤與向星盤有雙六到東南方，爲打劫吉局，但因反伏吟而凶。

（六）星組合有合十， 吉

如八運地元龍丑山未向：（見下圖）

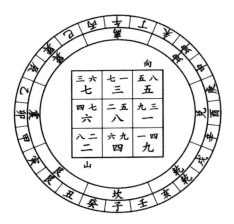

八運地元龍丑山未向圖

　　丑山在運盤數爲二，二入中。丑地元龍對應坤二地元龍未，陰逆飛。未向在運盤數爲五，五入中。五寄宮，坤二地元龍未陰逆飛。注意山星盤數與運盤數相加皆合十，爲吉論，稱夫婦合十，意夫婦感情好。

（七）飛星父母三般卦　大吉

　　如八運坤山艮向：（見下圖）

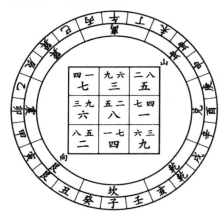

八運坤山艮向圖

父母三般卦為大吉之飛星象。任何飛星盤中如果一四七、二五八、三六九連環見於一宮之內稱父母三般卦。

注意，以上山盤數與元旦盤（九宮盤）數皆相同，為伏吟，原凶，因三般卦轉吉。

（八）連珠三般卦反凶為吉

如八運辰山戌向：（見下圖）

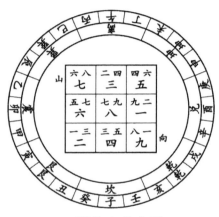

八運辰山戌向圖

飛星組合中如一四七、二五八、三六九隔三的連環為父母三般卦為吉卦。若如上中一二三、三四五、四五六為連珠三般卦，為吉。注意，八運辰山戌向中，山星盤中八到戌向，為下水，本上山下水為不吉，但因連珠三般卦，向星盤中，八到辰山向星位為上山，而得人和，轉凶為吉。

（九）雙星打劫，旺財衰身

如八運人元龍乙山辛向：（見下圖）

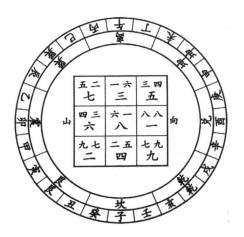

八運人元龍乙山辛向圖

在辛向位有雙八，到向爲雙星打劫。打劫即搶錢，雖財旺，但山星盤中八到辛向，爲下水，恐傷身。

第三節　雙星加會

對雙星加會分析是"玄空風水學"的精華之處。先介紹最常見且效應明顯的雙星加會，如：

效應靈驗的八十一種雙星加會：（僅作簡要介紹）

八十一種雙星組合

（一）一白九卦

一一	水爲坎☵ 比和，當令時爲官、警。少男科甲，官星。雙會遇水凶。
一二	水地比☷ 剋入，水被土二剋。二坤女克一坎中男，夫遭婦辱。有流離異地，病絕之災。
一三	水雷屯☳ 生出，坎一水生震三木。震三爲長子，當令時長子貴，失令時長房凶。注意肝病。
一四	水風井☴ 生出，坎一水生巽四木。水生木，當令時名揚四海。注意肝風。
一五	無對應卦 剋入，坎一水被土剋。易患腎、耳病。中子受傷。
一六	水天需☰ 生入，坎一水被乾六金生。一六共宗合《河圖》吉數爲武貴吉。金寒水冷，男孤傲。
一七	水澤節☱ 生入，坎一水被兌七金生。中男少女同在，注意貪花戀酒。注意腎、耳病。
一八	水山蹇☶ 剋入，坎一水被艮八土剋。艮小男剋坎中男，注意耳、腎病。不利中男。當令時文才有財。
一九	水火既濟☲ 剋出，坎一水剋離九火。一九合十主先天吉。患眼疾、心臟、風濕病

（二）二黑九卦

二一	地水師☷☵
	剋出，坤二土剋坎一水。上元當令時主地產業科發，旺丁旺財。失令時女強男弱。中男離家或早喪，女持家，腸胃病。
二二	地爲坤☷☷
	比和，當令二運時地產發。失令時母病。
二三	地雷復☷☳
	剋入，坤二土被震三木剋。上元當令時，老婦掌權。家運衰。
二四	地風升☷☴
	剋入，坤二土被巽四木剋。當令時家嫂掌權。婆媳或母女不和。母傷，肝肺病
二五	無卦
	比和。當令時田產發，損主。失令時老婦病重。《紫白訣》曰："二五交加罷死亡而生疾病。"二黑在一、二運爲天運，但在其餘各運皆爲病符。
二六	地天泰☷☰
	生出，坤二土生乾六金。因母得財。從醫得財。母易出肺患。父子不和。
二七	地澤臨☷☱
	生出，坤二土生兌七金。當令時有橫財，又易遇險。有母女爭。
二八	地山謙☷☶
	比和。當旺時因田產富。少男病，不利子孫。
二九	地火明夷☷☲
	生入，坤二土被離九火生。當令田產得財。失令不育，出愚頑夫。陰氣重，出寡婦。

（三）三碧九卦

三一	雷水解䷧ 生入，震三木被坎一水生。上元當令長子有官財。失令時遇官符，不利長子。
三二	雷地豫䷏ 剋出，震三木剋坤二土。上元當令長子有田產之富。失令時有爭吵。傷胃足。老母有病災。禍及長子。
三三	雷爲震䷲ 比和。當令時有名聲。失令時出賊盜。有肝膽病，長子有災。
三四	雷風恒䷟ 比和。上元、中元有貴子。長女多病。肝病。
三五	無卦 剋出，震三木剋中五土。當令時得財富。失令因財災禍。
三六	雷天大壯䷡ 剋入，震三木被乾六金剋。當令得官榮華。失令長男多事，父遭殃。肝病，易獨長房。
三七	雷澤歸妹䷵ 剋入，震三木被兌金剋，當旺文武雙全，有官。 《紫白訣》曰：“三七疊至，被劫盜而更見官災。”蓋三碧爲蚩尤性好鬥爭，七赤爲破軍性肅殺。二七失運，均爲賊星。
三八	雷山小過䷽ 剋出，震三木剋艮八土。當旺時文才。失令傷小口。兄弟不和。
三九	雷火豐䷶ 生出，震三木生離九火。當令丁財旺，木火通明。小心火，及心、血病。

（四）四綠九卦

四一	風水渙 ䷺
	生入，巽四木被坎一水生。當令科甲發財。失令時有桃花煞。肝風病。《紫白訣》曰：四一同宮，準發科名之顯。蓋四爲文昌，一爲官星，二星會合發貴何疑。唯發貴之大小，又須視四一同到之宮。山峰水光如何而定。如水光照穴，高峰聳秀，得此四一同宮（不論向首震宮同斷）必發大貴。若有水無峰，或有峰無水，得此四一同宮，僅發小貴。若無水無峰，則又閉塞不通，則小貴或不可得。
四二	風地觀 ䷓
	尅出，巽四木尅坤二土。當令時婦掌權，多產。失令時媳欺姑。消化病。《玄空秘旨》云："風行地而硬直難當，室有欺姑之婦。"蓋二坤爲地、爲老母和姑。四爲巽、爲風、爲長女、如婦。坤土被巽木來尅。
四三	風雷益 ䷩
	比和。中元當令，陰陽正配，名聲達。失令有孤君之兆。四肢及肝病。
四四	巽爲風 ䷸
	比和。當令科發，仁義之家。失令漂泊異域。有呼吸病。
四五	無卦
	尅出，巽四木被乾六金尅。當令家和，財旺。失令主婦病。
四六	風天小畜 ䷈
	尅入，巽四木被乾六金尅。當令家和，財旺。失令父狂，女遭害。肝病。
四七	風澤中孚 ䷻
	尅入，巽四木被兌七金尅。當令時婦當權，財厚。失令官符。肝膽病。
四八	風山漸 ䷴
	尅出，巽四木尅艮八土。當令時賢婦教子，財貴。失令時有僧道，鼻病。
四九	風火家人 ䷤
	生出，巽四木生離九火。當令時有智者，財貴。失令時婦人不和。眼疾。

（五）五黄九卦

五一	無卦 剋出，中五土剋坎一水。當令發財、旺丁。失令中男出事。耳病。
五二	無卦 比和。當令時多田產，母掌權。失令父母疾病。"五五交加，必損主。"
五三	無卦 剋入，中五土被震三木剋。當令時旺丁、財，長男貴。失令家宅不寧，兒逆。有肝脾病。
五四	無卦 剋入，中五土被巽四木剋。當令時文才，富貴，利田產。失令家運衰。
五五	無卦 比和。當令中尊，主四方，丁、財旺。失令傷人丁。
五六	無卦 生出，中五土生乾六金。當令父富貴，子女孝。失令男主災。
五七	無卦 生出，中五土生兌七金。當令名伶藝術興家，得錢財。失令五爲病毒，入肺、喉。
五八	無卦 比和。當令母之子科發。失令小男多病。
五九	無卦 生入，中五土被離九火生。當令子女智，財運吉。失令子愚，家人心、眼疾。

（六）六白九卦

六一	天水訟☰☵
	生出，乾六金生坎一水。當令時有官、財，父子同科發。失令招水災，生肺疾。
六二	天地否☰☷
	生入，乾六金被坤二土生。當令二運發田財。失令夫妻反目。
六三	天雷无妄☰☳
	剋出，乾六金剋震三木。當令財運通。失令有劫之禍，有肝疾。父母不和，傷長子。
六四	天風姤☰☴
	剋出，乾六金剋巽四木。當令時合十之數，旺人文。失令剋妻，頭腦疾。
六五	無卦
	生入，乾六金被中五土生。當令丁、財旺，利宅主。失令小人是非，失官，失業。頭腦疾。
六六	乾爲天☰☰
	比和。當令六運出狀元，有橫財。失令忌開路。
六七	天澤履☰☱
	比和。當令時掌武權。失令內亂，有頭疾。
六八	天山遯☰☶
	生入，乾六金被艮八土生。當令職文武，有財，父子同貴，家業興。失令有頭骨疾。
六九	天火同人☰☲
	剋入，乾六金被離九火剋。當令主人長壽，利武職。失令男主災病。《玄空秘旨》曰："火燒天門而張牙相鬥，家生罵父之兒。"蓋六爲乾宮、爲金、爲天門、爲老父。九爲離、爲火。金受火剋，齊火燒天門。

（七）七赤九卦

七一	澤水困䷜ 生出，兌七金生坎一水。當令利武貴。失令流異鄉，有腹疾。
七二	澤地萃䷬ 生入，兌七金被坤二土生。當令利田財，家旺。失令出寡母。有火災。
七三	澤雷隨䷐ 剋出，兌七金剋震三木。當令仁義出文武貴人，子女孝。失令背義，子母不肖，傷長房。
七四	澤風大過䷛ 剋出，兌七金剋巽四木。當令家門興，女兒孝。失令婦女家，姑婆口舌。
七五	無卦 生入，兌七金被中五土生。當令有田財之富。失令口舌是非，口疾。
七六	澤天夬䷉ 比和。當令從武職。失令交劍煞，家不睦。頭、口疾。
七七	澤爲兌䷹ 比和。當令利娛樂業。失令有口舌是非，喉疾。
七八	澤山咸䷞ 生入，兌七金被艮八土生。當令有官財。家和，子孝，少年早發。失令口喉疾，少子女病。
七九	澤火革䷰ 剋入，兌七金被離九火剋。當令家興，利婦女和從事電子行業。失令有火警，心、口喉疾。

（八）八白九卦

八一	山水蒙䷃ 剋出，艮八土剋坎一水。當令利文職，興家。失令中男衰，有血、耳疾。
八二	山地剥䷖ 比和。八二合十，吉。當令有田財。失令腸胃疾。
八三	山雷頤䷚ 剋入，艮八土被震三木剋，傷小口。當令時有地產財，大利長男、少男。失令破財傷官，肝胃疾。
八四	山風蠱䷑ 剋出，艮八土被巽四木剋。當令女當權，田地富。失令腎、腰疾，婦奪夫權。
八五	無卦 比和，艮八土與中五土比和。當令發田財。失令少男病，有腸胃疾。
八六	山天大畜䷙ 生出，艮八土生乾六金。當令從文，富貴有財。失令父子不和，頭骨疾。
八七	山澤損䷨ 生出，艮八土生兌七金。當令文武職，財祿全，家和。失令夫妻成仇。
八八	艮爲山䷳ 比和。當令富貴壽，旺丁財，忠孝之家。失令少男傷，流亡。
八九	山火賁䷕ 生入，艮八土被離九火生。當令財喜多。失令鼻、眼疾。

（九）九紫九卦

九一	火水未濟☲☵ 剋入，離九火被坎一水剋。當令合時至貴，有大成就，女當權。失令時破財，眼疾。
九二	火地晉☲☷ 生出，離九火生坤二土。當令出文才，旺丁旺財。失令婦生愚子，有火災，目疾，腸胃病。
九三	火雷噬嗑☲☳ 生入，離九火被震三木生。當令中興之局，有智才。失令火災，男兒疾。
九四	火風鼎☲☴ 生入，離九火被巽四木生。當令中興之局，有智才，也利女性。失令目疾。
九五	無卦 生出，離九火生中五土。當令爲有地產之富。失令婦生愚子，有火災。
九六	火天大有☲☰ 剋出，離九火剋乾六金。當令有文才，老人平安。失令火災，逆子。
九七	火澤睽☲☱ 剋出，離九火剋兌七金。當令男女聰明，有橫財。失令有火災，癆病。 《紫白訣》曰：「九七合轍，常招回祿之災。」蓋九爲後天火星，七乃先天火數，九七同宮，尤不可開門通路安竈。若遇三四木到生火，則更凶。
九八	火山旅☲☶ 生出，離九火生艮八土。當令田產發，有文職升遷，吉慶，多子。失令婦生愚子，眼疾，胃熱，癌病。
九九	離爲火☲☲ 比和。當令文章顯達，人丁興。失令多女，有血光之災。

第十二章 《紫白訣》釋

第一節 紫白訣上篇

華亭姚廷鑾註 杭縣沈祖緜按 沈宗宣注

姚註：此訣無作者姓氏，或云目講，或云王思山，無可證也。篇中頗多奧旨，陽宅精蘊，闡發殆盡，應驗如神。惜世無刻本抄錄者，字多舛錯，爰爲細心校讎，逐句詮釋，庶作者精意大白，讀者亦不至有誤解錯用之弊云。

紫白飛宮，辨生旺退殺之用。三元氣運，判盛衰興廢之時。

姚註：紫白，《洛書》九星也，以排山掌訣，飛布八方。如坎宅一白入中，二黑乾，三碧兌，四綠艮，五黃離，六白坎，七赤坤，八白震，九紫巽。八宅均以本宅入中，照此飛去。九星各有五行，一白水；二黑、五黃，八白土；三碧、四綠木；六白、七赤金；九紫火。八方飛星來生中宮爲生，乾宅遇二黑、五黃、八白土，是與中宮比和，爲旺。乾宅遇七赤金，是中宮去生八方，爲退。乾宅一白水，是八方來剋中宮，爲殺。乾宅遇九紫火，是中宮去剋八方，爲死。乾宅遇三碧四綠木，是三元，即上、中、下三元。得元運則興盛，失元運則衰廢。

祖緜按：《樂緯》云："象天心，定禮樂。" "《壺子》曰：伏羲法八極，作八卦。黃帝體九竅，以定九宮。"（見《路史》卷十）《老子》云："知其白，守其黑。"《內經》亦同。《太白經》云："行黃道，歸乾戶，煞氣一臨，生氣自布。"

註：文中沈祖緜按，摘自《玄空古義四種通釋，紫白訣通釋》。祖父祖緜按中點明：所謂紫白者，終於離宮，復從坎宮始。離紫坎白也。飛宮之法，漢時已行之。

《曲禮》云："前朱鳥而後玄武，（前爲離，後爲坎。）左青龍而右白虎。（左爲震，右爲兌。）"（自《禮記・曲禮上》）月令以五行布四方。言之備矣。《大戴禮・明堂》篇云："明堂者，古之有也。凡九室……二九四、七五三、六一八。"又《盛德》篇云："天道不順，生於明堂不飾。"又云："明堂，天法也。"班固《漢書・自序》云："《河圖》命庖，《洛書》受禹。（李奇曰：《河圖》即八卦也，《洛書》即九疇也。）"（九疇見《書・洪範篇》。）至於九宮之數，《明堂》篇言之已詳。而《乾鑿度》云："易一陰一陽，合而爲十五之謂道。"又云："故太一取其數以行九宮，四正四維，皆合於十五。"鄭玄註云：（原書鄭註，似有錯簡。今據《後漢書・張衡傳》註引鄭說。）"太一者，北辰神名也。下行八卦之宮，每四乃還於中央。中央者，北神之所居，故謂之九宮。天數大分，以陽出，以陰入，陽起於子，陰起於午，是太一下九宮，從坎宮始，自此而從於坤宮，又自此而從於震宮，又自此而從於巽宮，所行以半矣，還息於中央之宮。既又自此而從於乾宮，又自此而從於兌宮，又自此而從於艮宮，又自此而從於離宮。行則周矣，上遊息於太一之星，而反紫宮，行起從坎宮始，終於離宮也。"據此則飛宮之法，漢時已行之。所謂紫白者，終於離宮，復從坎宮始。離紫坎白也，陽起於子者，子在坎宮，坎爲陽，其數一，故曰起於子。陰起於午者，午在離宮，離爲陰，其數九，故曰起於午。《說卦傳》云："參天兩地而倚數，觀變於陰陽而立卦，發揮於剛柔而生爻。"今紫白之數，即參天兩地而倚數也。坎一震三，離九兌七，即參天之數也。坎一而參之，得三，即震三之數。震三而參之，得九，即離九之數。離九而參之，得二十七，去二十不用，即兌七之數。以兌二十七而參之，得八十一，去八十不用，即坎一之數。周而復始，不離乎參天也。坤二巽四，艮八乾六，即兩地之數也。坤二而兩之，得四，即巽四之數。巽四而兩之，得八，即艮八之數。艮八而兩之，得十六，去十不用，即乾六之數。又以乾十六兩之，得三十二，去三十不用，即坤二之數。周而復始，不離乎兩地也。此所謂倚數者是也。然道有變動，周流六虛，上下無常，剛柔相易，是故變之所適，有日月寒暑之相推，神之所化，具元會氣數之轉易，此運運不同，所謂觀變於陰陽而立卦，與易之《序卦》相通者也，故愛惡相攻，遠近相取，情僞相感，吉凶相見，極賾鼓動，化裁推行，在乎變通，參伍以變，錯綜其數，道乃大明，於是山水之局分焉，此物物太一，所謂發揮於剛柔而生爻者也。"紫白飛宮"，"三元氣運"，乃倚此而立也。因日月寒暑相推，元會氣數轉易，於是"生旺退殺"，"盛衰興廢"判也。

如一運以一為生，以二為旺，以九為退，以八為殺，此一二九八，皆由飛宮推排而出。三元者，上元一二三運，中元四五六運，下元七八九運也。如上元以一二三運為盛興，以七八九運為衰廢，皆指山向飛星而言，天盤不與焉。姚註無一字足取，如"坎宅一白入中"云云，與下"氣運為之君"之意全悖。

宗宣注：

午向

5 九	1 五	3 七
4 八	6 一	8 三
9 四	2 六	7 二

子山（坎宅）

　　祖緜按指出姚註，坎宅一白入有誤，混淆了運盤和山盤的區別，坎宅未必皆一白入中，如上圖天元龍子山午向換星圖，僅顯示運盤和山盤。

　　坎宅以坎方位的子爲坐山。運盤是一運入中，一白入中宮，順排二黑到地盤乾宮，三碧到兌宮，四綠到艮宮，五黃到離宮，六白到坎宮，七赤到坤宮，八白到震宮，九紫到巽宮。

　　而山盤是子山逢"六"，入中左上角山盤位。天元龍子對應六乾位的天元龍乾為陽順飛。上圖阿拉伯數字為山盤飛星數。顯然此處坎宅 (子山) 在一運是 6 入中。故祖緜言姚註"坎宅一白入中"云云之意全悖。

　　九星五行的屬性：一白爲水，二黑、五黃、八白爲土，三碧、四綠爲木，六白、七赤爲金，九紫爲火。

　　　三元運氣凡得令（運）者興旺，失令（運）則衰廢。

　　"祖緜按"中將玄空學的主要概念的最始出處一一列明：

　　《樂緯》中提出"天心"的概念，云："象天心，定禮樂。"

　　《壺子》曰，伏義效法八極，作出八卦。黃帝用人體口、眼、鼻、耳、下兩竅共九竅，定九宮。

　　《老子》云："知其白，守其黑。"陰陽太極之法。

　　《內經》也是這樣。

　　《太白經》云："行黃道，歸乾戶，煞氣一臨，生氣自布。"

　　《曲禮》云，定出對地勢的分析：左青龍而右白虎，（左爲震，右爲兌。）前（離）爲朱雀，後（坎）爲玄武。《月令》以五行布四方，言之備矣。

　　《大戴禮記·明堂》云，明堂凡九室（宮），如下圖：

四	九	二
三	五	七
八	一	六

　　第一行從右到左，二、九、四。第二行從右到左，七、五、三。第三行，從右到左，六、一、八。又《盛德》云，明堂爲天法。"天道不順，生於明堂不飾。"

　　班固《漢書·自序》云，庖出《河圖》，禹出《洛書》。李奇注，即《河圖》八卦，《洛書》也爲九疇也。（九疇見《尚書·洪範篇》。）

　　至於九宮之數，《明堂》篇言之已詳言。

　　《乾鑿度》云："易一陰一陽，合而爲十五之謂道。"又云："故太一取其數以行九宮。四正四維，皆合於十五。"四正：上離、下坎、左震、右兌。四維：巽、坤、乾、艮宮。九宮之數橫、豎、綜皆合於十五。如上圖。

巽 　四	離 　九	坤 　二
震 　三	中 　五	兌 　七
艮 　八	坎 　一	乾 　六

　　太一下九宮，從坎（一）宮始，至坤（二）宮，至震（三）宮，至巽（四）宮，還於中央之宮（五），又至乾（六）宮，至兌（七）宮，至艮（八）宮，至離（九）宮。從坎（一）宮始，終於離（九）

宮，此即九宮飛宮之法。

離紫坎白，陽起於子，子在坎宮。坎爲陽，其數一。陰起於午，午在離宮，離爲陰，其數九。"紫白訣"之名，即九宮離坎，九宮變動之訣。

坎一震三，離九兌七，即參天之數。坎一參（乘以三）得三，即震三。震三參（乘以三）得九，即離九。離九參之（乘以三）得二十七，去掉二十得七，即兌七。兌七參之（二十七乘以三）得八十一，去八十不用，得坎一之數。周而復始，不離參天。

坤二巽四，艮八乾六，即兩地之數。坤二兩之（乘以二）得四，即巽四。巽四而兩之（乘以二）得八，即艮八。艮八而兩之（乘以二）得十六，去十得六，即乾六。又以乾十六兩之（乘以二）得三十二，去三十得二，即得坤二之數。周而復始，不離乎兩地。

三元氣運，依時間日月寒暑相推，氣數轉易，於是有生旺、盛衰、興廢。

如一運以一爲生，以二爲旺，以九爲退，以八爲殺。上元一、二、三運，中元四、五、六運，下元七、八、九運。如上元以一、二、三運爲盛興，以七、八、九運爲衰廢。

生旺宜興，運未來而仍替。退殺當廢，運方交而尚榮。總以氣運　之君，而吉凶隨之變化。

姚註：此二節總攝通篇大旨，而歸重於元運。如一白水遇六七金爲生，遇一水爲旺，然未交金水元運，則水不得令仍衰廢而替。遇三四木爲退，遇二八土爲殺，然正交金水元運，則一白得令，即退殺不作廢論。君主也，無論生旺退殺，總以三元氣運爲主，得元則吉，失元則凶，故云隨變化也。

祖緜按：此節重在"氣運爲君"四字。首二句疑有譌字，否則有語病。運已來曰生，運未來曰旺。既曰生，不當曰運未來，屬旺則可爾。運入退殺，而尚榮者，因猶有餘氣也，如儲蓄然，猶有子金可取。

宗宣注：玄空學中三元氣運的變化爲宗旨，爲君。運來運到爲生，未來之運爲旺，運去爲退，去之前爲殺。如一運以一爲生，以二爲旺，以九爲退，以八爲殺。運退而尚榮，有餘氣爾。

以圖運論體，書運論用，此法之常也。以圖運參書，書運參圖，此法之變也。

姚註：此節總提圖書二運，下文逐一承明之。《河圖》之運，即下文五子運也。八宅坐定之星爲體，由宅星飛布八方爲用。《洛書》之用即下文上、中、下三元大小運也。以圖書五行參合而論，有時用圖兼書，有時用書兼圖，或重或輕，常變互用之法也。

祖緜按：此言圖書運者，乃指變易言，非真言河洛也。《周易‧說卦傳》云："天地定位，山澤通氣，雷風相薄，水火不相射，八卦相錯。"此乃《河圖》也。《繫辭傳》云："蓍之德圓而神，卦之德方以知。"可證乾一、兌二、離三、震四、巽五、坎六、艮七、坤八雖相錯之數，與天數五地數五之數不涉。惟《河圖》《洛書》，本無二致，以方圓二者判析之，《河圖》以乾坤坎離爲圓，兌艮巽震爲方。八卦變九疇者，因八卦摩盪，圓可作方，方可作圓而已。以圓而論，乾坤退則離坎居乾坤之位，此圓可容圓也。坎離退，而震兌居離坎之位，是圓可容方也。兌震退，而巽艮居兌震之位，是方可容方也。巽艮退，而坤乾居巽艮之位，是方可容圓也。原始要終，乾坤仍可進而居離坎之位矣。

（詳見拙著《先後天釋疑》）是故體雖爲《河圖》，而用則《洛書》，其實《河圖》《洛書》一而二，二而一，不當析而爲二也。此以法常法變立論，則昧於易理矣。

宗宣注：以祖緜按說爲明意，姚注不確。原文中的《河圖》、《洛書》指變易之說，先後天之說。體用之說實爲地盤（元旦盤）九宮之位爲體。以當運之氣爲用入中，出天元盤。後以山向、入中亦爲用。

《河圖》之運，以甲丙戊庚壬五子，配水火木金土五行，五子分元，五行定運，秩然不紊。

姚註：《河圖》之數，一六水，二七火，三八木，四九金，五十土，一生一成，順挨其序。甲子十二年爲水運，丙子十二年爲火運，戊子十二年爲木運，庚子十二年爲金運，壬子十二年爲土運。秩然不紊也。

祖緜按：《論衡·詰術篇》云："圖宅術曰：宅有八術，以六甲之名，數而第之，第定名立宮商殊別，宅有五音，姓有五聲，宅不宜其姓，姓與宅相賊，則疾病死亡，犯罪遇禍。"其說迂，王充詰之是也。夫《河圖》流行之氣，與干支五行，雖可相通，而不能相混。伏羲作八卦，後世以爲《河圖》是。黃帝作九竅，後世以爲九疇是。黃帝命大撓作甲子，以濟九疇之數所不足，實玄空之學，在五運爲九疇之用，其他各運，重在流行之氣，則非圖非書，而亦圖亦書。原文以"甲丙戊庚壬五子"，配合五行，以爲《河圖》之用，實屬勉強。至於姚註以"一六水，二七火，三八木，四九金，五十土"爲《河圖》之數，誤。蓋生成之數，與九疇相似也。又云：甲子水，而納音金也。丙子火，納音水也。戊子木，納音火也。庚子金，納音土也。王子土，納音木也。分各元六十年爲五運。按之古書，未有斯說，殆術士之蛇足爾。

宗宣注：祖縣按點明，五運五入中即爲九疇九宮。其他各運入中形成流行之氣。凡《河圖》、《洛書》皆取其變易之根本。甲子十二年爲水運，丙子……各十二年爲運，祖縣按説：姚注古書未有，此説爲畫蛇添足。

凡屋層與間，值水數者，喜金水運。值木數者，嫌金火運。火金土數依此類推。

姚註：屋之一層、六層、一間、六間者爲水數，值庚子十二年金運爲生，甲子十二年水運爲旺，戊子十二年水運爲退，王子十二年土運爲殺，丙子十二年火運爲死。其二層、七層、二間、七間爲火數，三層、八層、三間、八間爲木數，四層、九層、四間、九間爲金數，五層、十層、五間、十間爲土數，值五子運，俱喜生旺而忌剋洩。

祖縣按：姚註以"屋之一層、六層、一間、六間者爲水數……二層、七層、二間、七間爲火數，三層、八層、三間、八間爲木數，四層、九層、四間、九間爲金數，五層、十層、五間、十間爲土數。"此說誤也。然以"值庚子十二年金運爲生"等語誤。若以此說驗諸陽宅，實未有應者也。蓋古人誤讀《洪範》，以四九爲金數，二七爲火數所致。凡宅值水數者，逢一運則比和，吉；七運則生入，吉；二八運則剋入，吉。然仍以向首一星爲主，不能離向首而獨驗層間也。

宗宣注：祖縣按，姚注說法爲誤。不能離開向首一星，而獨驗層數或間數。如宅的向首一星屬水，則在一運（坎一水）時比和，吉。七運（兌七金）金生水，生入，吉。二、八運（坤二土，艮八土）土剋水，則剋入，吉。

生運發丁而漸榮，旺運發祿而驟富，退必冷退絕嗣，殺則橫禍官災，死主損丁，吉凶常半，應如桴鼓，圖運有然。

姚註：此三節申明圖運論本句。

五行屋數，遇五子運來生者，發丁而榮顯；比和者，發貴而發財；屋生運者爲退，主貧窮夭絕；運來剋屋，則禍生不測，官事連綿；屋剋運者爲死，但比運來剋屋爲輕，故吉凶互見也。

祖緜按：姚註以"五子、五行"生旺立說，驗諸事實，殊有未合，不若以山水各飛一盤，排水有水，排山有山，在一運，以一爲生，以二爲旺，以九爲退，以八爲殺，方應如"桴鼓"也。

宗宣注：祖緜按已明示姚注在此不確。還是以山水（坐山向首）各飛一盤。排水處有水，排山處有山，爲吉。在一運時以一爲生，以二爲旺，以九爲退，以八爲殺。

九星遇此，喜忌亦同。木星金運，宅逢劫盜之凶。火曜木元，人沐恩榮之喜。書可參圖，蓋如是也。

姚註：此一節申明書可參圖句。

此字指圖運言，以《洛書》之九星，遇《河圖》之五運，其喜生旺比和，忌死退剋殺，亦同上文所云。木星四句，正申明此句之意，《洛書》三四木星，遇《河圖》庚子金運，木被金剋，故逢劫盜；《洛書》九紫火星，遇《河圖》戊子木運，木能生火，故沐恩榮。木星火曜，《洛書》五行也。金運木元，《河圖》五行也。《洛書》之吉凶，參用《河圖》之元運，所謂書可參圖也。

祖緜按：玄空之理，重在變易，非吉者永爲吉，凶者永爲凶。

"木星金運"，得令時逢之，必無"刧盜之凶"。"火曜木元"，失令時逢之，難"沐恩榮之喜"。此言九星，姚註仍以"五子、五行"立說益誤矣。

宗宣注：玄空之理，重在變易，非吉者永吉，凶者永爲凶。以時間的變化爲變，所以有玄空九運之說。如木星在金運時，應金剋木，凶。但逢得令時（年運適時）無凶。火星在木運時，木生火，但失令時，難有沐恩榮之喜。

《洛書》之運，上元一白，中元四綠，下元七赤，各管六十年，謂之大運。上元一二三，中元四五六，下元七八九，各管二十年，謂之小運。

姚註：上元運，一白統管六十年，而前二十行小運，亦一白管，中二十年，二黑管，後二十年，三碧管。中元運四綠統管六十年，而前二十年小運，亦四綠管，中二十年，五黃管，後二十年，六白管。下元運七赤統管六十年，而前二十年小運，亦七赤管，中二十年，八白管，後二十年，九紫管。上、中、下三元，其一百八十年，九星則一白至九紫，周而復始也。

元運既分，更宜論局。如八山，上元甲子、甲戌二十年，得一白龍穴，一白方砂水，一白方居住，名元龍主運，發福非常。至甲申、甲午二十年，得二黑龍穴，二黑方砂水，二黑方居住，名旺星當運，發福亦同。一元如是，三元可知。

姚註：三元之運，生旺退殺，俱由此別，然吉凶應驗，均在局上。局者，龍穴砂水方位也，如上元前二十年，大小運俱一白司令，若住屋龍穴砂水皆一白，爲元龍主運，發福無量。元，三元也；龍，龍穴也。一白龍遇一白運，則一白專主，不雜他運，故曰主運。如中二十年小運是二黑司令，住屋之龍穴砂水皆二黑，其發福與合一白者同。上元前中二十年如是，後二十年可知。上元如是，中、下元亦可知矣，

祖絲按：一運山上水裏，以挨著一字爲旺星，倘排水而見山，排山而見水，一字雖到，仍作凶論。姚註拘於一運以坎宅爲旺，不知坎宮以五運爲獨旺，午子丁癸兩向，雙星坐後，宜坐空朝滿之局。丙山壬向，則犯反伏吟。所謂“一白龍穴”、“砂水”者，非指坎宅而言，乃隨時而在流行之氣之坎宅也。

宗宣注：

上、中、下元，各管六十年，爲大運。

每一大運各有三小運，各管二十年。

一運時山上水裏，逢挨着一字爲旺星。但若排水而見山，排山見水，則仍作凶論。

姚注有誤，拘於一運坎宮爲旺，但實際宅坐山在坎宮，五運的子山午向，癸山丁向，都是上山、上水當旺的。故一白龍穴砂水，並不指坎（一）宮坎宅，其“一”指的流水之氣的“運”。

二者不可得兼，或當一白司令，而震巽受元運之生，四綠乘時，而震巽合元運之旺，此方居住，亦慶吉祥。

姚註：三元之運，生旺退殺，俱由此別，然吉凶應驗，均在局上。局者，龍穴砂水方位也，如上元前二十年，大小運俱一白司令，若住屋龍穴砂水皆一白，爲元龍主運，發福無量。元，三元也；龍，龍穴也。一白龍遇一白運，則一白專主，不雜他運，故曰主運。如中二十年小運是二黑司令，住屋之龍穴砂水皆二黑，其發福與合一白者同。上元前中二十年如是，後二十年可知。上元如是，中、下元亦可知矣，

祖緜按：此節經姚氏竄改，與玄空之理不合。姚氏拘泥一四同宮爲吉徵，以一白司令，巽爲生氣，豈知值一白司令時，距巽尚遠，一本係或當一白司令，而坤震受元運之生，似較姚本爲勝。又"四綠乘時"，震已退氣，山上用之尚可，若水裏排龍，則謂之殺，豈得謂之旺氣。此二句當亦有誤字也。

宗宣注：祖緜按已指明，原文此兩句有誤字。一運當令坤二、震三，二、三爲未來之數受一運生氣。又四綠乘時（當令），震三已爲退氣，不合元運之旺。

先天之坎在兌，後天之坎在坤，上元之坤兌，未可言衰。先天之巽在坤，後天之巽在兌，中元之兌坤，亦可云旺。此卦之先後天，運可合論者也。

姚註：此四節申明書之運論用句。

兌金坤土，值上元一白水運，則金生水爲退氣，土剋水爲死氣，不知先天之坎在後天兌位，後天之坎在先天坤位，則兌雖值後天退氣，而先天則得令，坤雖值後天死氣，而先天卻乘旺。坤兌俱先天之吉，故不爲衰。先天之巽，在後天坤位，坤雖被中元木剋，而先天巽木卻是得令，後天之巽，在先天兌位，兌雖剋中元木，而先天巽木正值得令，是中元木運，坤兌亦遇先天之吉，故可云旺。玩先後天卦位圖自明。

祖緜按：姚註誤。先後天雖可合用，如上元一運立卯山酉向，或乙山辛向，向上飛星逢一，先後天同位，前面有水，吉，然究犯天地盤剋出，過運卽衰。至其他各運，先後天飛星同位者，二運之乾山巽向，亥山巳向；三運之酉山卯向，辛山乙向；四運之艮山坤向，申山寅向；五運之丑山未向；六運之甲山庚向；七運之辰山戌向；八運之丙山壬向；向上飛星與地盤，均爲本運旺星。又與先天之數合，有謂吉上加吉。然以上各山向，除一八兩運外，到山到向，皆爲吉徵，不藉先後天同位而吉也。

　　宗宣注：祖緜按指明此處姚注也有誤。應以當運之令下，考究是否到山到向，不以先後天數論吉凶。如一運卯山酉向，向首處一到山犯下水。一運乙山辛向，向首處，一到山，犯下水。雖向上飛星到兌宮（爲先天之坎位），但終不吉。

　　一白司上元，而六白同旺。四綠主中元，而九紫均興。七赤居下元，而二黑並發。此即《河圖》一六共宗，二七同道，三八　朋，四九　友之義。圖可參書，不信然乎？

　　姚註：此一節申明圖可參書句。

　　《洛書》一白管上元，則一白爲主，而水得運。《河圖》一六共宗，一旺則六亦旺，是《河圖》之一六，可參用上元一白之水運矣。二七、三八、四九、五十，可以類推。

　　祖緜按：生成係中五加減之作用，如一六共宗，即一加五爲六，六減五爲一也。若以己十加減一六之數，卽十減一爲九，十減六爲四，卽對宮也。二七同道，卽二加五爲七，七減五爲二也。若以己十加減二七之數，卽十減二爲八，十減七爲三，亦卽對宮也。三八爲朋，卽三加五爲八，八減五爲三也。若以己十加減三八之數，卽十減三爲七，十減八爲二，亦卽對宮也。四九爲友，卽四加五爲九，九減五爲四也。若以己十加減四九之數，卽十減四爲六，十減九爲一，亦卽對宮也。生成之作用，在天盤坎離二宮，與中宮之交媾。如一運天盤六在坎，二運天盤七在坎，三運天盤八在坎，四運天盤九在坎，六運天盤一在離，七運天盤二在離，八運天盤三在離，九運天盤四在離。是也。用於水法，如四運立子山午向，城門在坤巽兩方，然巽處天盤三，與向上天盤八，合三八爲朋。《天玉經》謂之"正庫"，又謂之"正馬"。坤上天盤一，與向上天盤八，不能合生成之數。《天玉經》謂之"借庫"，又謂之"借馬"，其效不如正庫、正馬之大也。

宗宣注：祖縣按前半段講先天八卦，即《河圖》數的規律"一六共宗，……四九爲友"。此規律在天盤（運盤）中，地盤坎離兩宮的位置與中宮的天盤數也有同樣的規律，如一運天盤六，在地盤坎宮位，"六"與中宮的"一"，一六共宗。又如二運天盤七在地盤坎宮位，（竈）門向，"七"與中宮的"二"，二七同道。

九	五	七
八	一	三
四	六	二

坎

一運天盤

一	六	八
九	二	四
五	七	三

坎

二運天盤

或局未得運，而局之生旺財方，有六事得地者，發福亦同。水上，山次之，高樓殿塔亭臺之屬，又其次也。再論其山，與山之六事，如門路井竈之類。次論其層與層之六事，或行大運，或行小運，俱可富榮。否則佈置六事，合山與層及其間數，生旺則關殺俱避，若河洛二運未交，僅可小康而已。

姚註：此一節承上，專論其局，句意而歸重於河洛二運。局之六事，外六事也，凡屋外橋廟山水之屬皆是。山層間之六事，內六事也，凡屋內門戶井竈之屬，皆須從局上山上，飛布九宮，生旺爲福，剋洩爲禍，如六事排在局、山、層間之生旺方，不犯關煞，一交河洛二運，發福非常，未交運則僅小康，若排在關殺方，不交運猶可，苟一得運，則興災作禍，有不可當者，不可不知也。

祖緜按："高樓殿塔亭臺"，皆作山論。"門路井"，皆作水論。"竈"則以竈門定之，與向星一盤，挨得一白三碧四綠八白處。竈門向之，其家必吉，亦作水論。生旺財方以元運斷之，宅不吉，則開旺門以通氣。此節原文有錯亂處。

宗宣注：祖緜按明示：樓、殿、塔、臺與建築皆以坐山論，門、路、井皆以向首（水）論。向星一盤，遇一白、三碧、四綠、八白，必吉。又說坐山宅不吉，可開旺門通氣。

夫八門之加臨非一，九星之弔替多方。納音支干之管殺，有統臨專臨之名，而入中太歲之　旺　生，最宜詳審。管山星宿之穿宮，有逆龍順飛之例，而入中禽星之或生或剋，尤貴同參。

姚註：此一節乃將下文諸訣總提在前，以後逐一分疏之。

祖緜按：《青囊奧語》云："知此法，不須尋納甲。"玄空不重納甲，納音更無論矣。惟納音用於分金，如《宅斷・狀元錢茶山祖墓》（見《沈氏玄空學》卷三第十二頁。）可參考。至於禽星，即《史記・日者列傳》"建除家"言也，與九宮殊塗而同歸，在玄空法中視爲駢指而已。

宗宣注：祖緜按指明玄空之法不重納甲。

何謂統臨？即三元六甲也，六甲雖同，三元之泊宮則異，中宮之支干、納音亦異。

姚註：六甲者，甲子、甲戌、甲申、甲午、甲辰、甲寅也。

三元俱有六甲，而泊宮各有不同。上元甲子泊坎宮，中元甲子泊巽宮，下元甲子泊兌宮，支干納音者，即下文上元己巳入中，納音木，中元壬申入中，納音金之類。

　　祖緜按：漢時雖有五音之說，其法亦與此不同。王充《論衡·詰術篇》云："圖宅術曰：商家門不宜南向，徵家門不宜北向。則商金，南方火也。徵火，北方水也。水勝火，火賊金，五行之氣不相得。故五姓之宅，門有宜嚮。嚮得其宜，富貴吉昌。嚮失其宜，貧賤衰耗。"其說迂，充詰之是也。"三元"者上元甲子六十年，中元甲子六十年，下元甲子六十年，共一百八十年。上元甲子泊宮在坎，中元甲子泊宮在巽，下元甲子泊宮在兌，周而復始。如上元甲子年泊一白，乙丑年泊九紫，丙寅年泊八白，丁卯年泊七赤，戊辰年泊六白，己巳年泊五黃，庚午年泊四綠，辛未年泊三碧，壬申年泊二黑，癸酉年又泊一白，流行週轉，遞泊二十週，而甲子仍泊一白。"六甲"者，甲子、甲戌、甲申、甲午、甲辰、甲寅是也，歷六十年復至甲子，與紫白九年一週者異，故"六甲雖同，三元之泊宮異"也。如上元之甲子泊一白，中元之甲子泊四綠，下元之甲子泊七赤。玄空重在九宮，故以泊宮爲重，六甲之干支雖同，而干支所泊之宮又異，故曰"中宮之干支亦異"也。"納音"者，甲子乙丑屬金，丙寅丁卯屬火，戊辰己巳屬木，庚午辛未屬土，壬申癸酉又屬金之類。干支之五行，與納音之五行又異矣。

　　宗宣注：祖緜按此注講年運。

上元六十年

甲子年泊（年運）爲一白，年運盤一入中，

乙丑年泊（年運）爲九紫，年運盤九入中，

丙寅年泊（年運）爲八白，年運盤八入中，

丁卯年運七入中，

戊辰年運六入中，

己巳年運五入中，

庚午年運四入中，

辛未年運三入中，

壬申年運二入中，

癸酉年運一入中，

……

（可見年運排列爲逆排，由九至一，周而復始。）

中元六十年

甲子年泊巽宮（年運）爲四巽，年運盤四入中，

乙丑年泊（年運）爲三綠，年運盤三入中，

……

下元六十年

甲子年泊兌宮（年運）爲兌七，年運盤七入中，

乙丑年泊六白（年運）爲六，年運盤六入中，

……

如上元一白坎，於本宮起甲子，逆數至中宮，得己巳木音也。中元四綠巽，於本宮起甲子，逆數至中宮，得壬申金音也。下元七赤兌，於本宮起甲子，逆數至中宮，得丙寅火音也。每十年一易，此其異也。

姚註：上元坎上起甲子，離乙丑，艮丙寅，兌丁卯，乾戊辰，中己巳，爲大林木，故木音。中元巽上起甲子，震乙丑，逆數至中爲壬申，爲劍鋒金，故金音。下元兌上起甲子，乾乙丑，逆數至中爲丙寅，爲爐中火，故火音也。十年一易，詳下節。

217

祖緜按：上元坎宮泊甲子，離宮泊乙丑，艮宮泊丙寅，兌宮泊丁卯，乾宮泊戊辰，中宮泊巳己。中元下元類推。

宗宣注：內容同前注。

如上元甲子十年，己巳在中宮，甲戌十年則己卯，中元甲子十年，壬申在中宮，甲戌十年則壬午。

姚註：上元六甲俱從坎上起，甲子逆輪至中宮，故甲子至癸酉十年爲己巳入中，甲戌至癸未十年爲己卯入中，其甲申、甲午、甲辰、甲寅，每甲俱如是推。中元六甲俱從巽上起，甲子逆輪至中宮，故甲子至癸酉十年俱壬申入中，甲戌至癸未十年俱壬午入中，其甲申、甲午、甲辰、甲寅，每甲俱如是推。下元六甲俱從兌上起甲子，不言下元者，省文也。

祖緜按：推法同上，無甚深意。

每甲以中宮納音，復以所泊宮星，與八山輪生比，此所謂統臨之名也。

姚註：此四節申明統臨之名句。

中宮納音者，即己巳入中，納音木之類。所泊宮星者，即上元甲子泊坎，中元甲子泊巽之類。論生比者，將入中宮星之納音，並此宮所泊星之納音，與八山論其生比。如上元甲子，己巳入中，納音木，是洩坎山也。上元甲子，坎上泊甲子，納音金，是生坎山也。舉此一例，則各元各甲入中，星納音各山泊宮，星納音八山較生比之法，可類推矣。

祖緜按："生"者即金生水，水生木，木生火，火生土，土生金是也。"比"者即金見金，木見木，火見火，土見土，水見水是也。九宮係九數，納音係五音。如甲子至癸酉十年，

所納五行。甲子至癸酉十年，與甲午至癸卯十年，同爲金火木
土金。甲戌至癸未十年，與甲辰至癸丑十年，同爲火水土金木。
甲申至癸巳十年，與甲寅至癸亥十年，同爲水土火木水。原註
排法並未註出，此法係《史記·日者列傳》"五行家"言，與
九宮不同也，且施諸事實，則殊不驗，其說蛇足而已。原文下
云："統臨專臨皆善，吉莫大焉。統臨不善而專臨善，不失爲吉。
統臨善而專臨不善，不免於凶，然凶猶未甚也。若統臨專臨皆
不善，斯凶禍之來，莫可救矣。"此以遊移兩可立說，其爲僞術，
不攻自破。

　　宗宣注：祖緜按已指明姚注此處所言爲蛇足之説。

　　**何謂專臨？即六甲旬飛到八山之支干也。三元各以本宮所
泊，隨宮逆數，至本山得何干支，即以此干支入中宮順佈，以
論八山，生旺則吉，剋殺則凶。**

　　姚註：每甲十日，故爲甲旬。八山干支，如上元甲子旬、
甲子坎、乙丑離、丙寅艮之類。三元所泊之干支，每元各異，
要將本宮所泊干支，逐一逆數，看繫何干支到山，入中順飛，
與八山生剋如何，如上元甲子泊在坎，隨宮數去，乙丑離，丙
寅艮，丁卯兌，如此逆挨，數至坎上得癸酉，即以癸酉入中順布，
則甲戌乾，乙亥兌，丙子艮，順排一周，看山繫何山，值何干支，
即以所值干支之納音，與八山較生剋，生山者吉，剋山者凶。

　　祖緜按：此僞術之尤者。年紫白皆隨宮順佈，不若山向
飛星，分陽順陰逆者也。惟甲年至乙年則逆數之，且年紫白與
六十干支相輔而行。如上元甲子泊一白者爲甲子、癸酉、壬午、
辛卯、庚子、己酉、戊午，七年。由一白而逆數九紫，爲乙丑、
甲戌、癸未、壬辰、辛丑、庚戌、己未，七年。復由九紫而逆

數八白。以下類推。此一定之理，所關係者惟年而已。如甲子年僅有甲子之干支，與年紫白有關，此法則宮宮有干支，又以本山干支入中宮順佈，殊不知年紫白專臨，其干支僅有一年之用，若循其法，則逆數有九年，順佈又有九年，作者實不知年紫白之理而已。

宗宣注：如祖緜按說此處所論"所關係者惟年而已"，即此處僅論年紫白專臨，年運何數入中的規律，而且年運流行之年只一年之用。

又當與本宮原坐星殺合論。或 生見生，或 生見殺，或 旺見生，或 旺見退，禍福霄壤，一一參詳，此所謂專臨之名也。

姚註：此二節申明專臨之名句。

如上元甲子在坎，是甲子爲原，坐星由坎逆數，到坎爲癸酉，逐以癸酉入中順飛，到坎爲戊寅，即以戊寅與原坐甲子合論生剋如前。飛來泊宮之坐星，與此山爲生，而後飛到之星，與山又相生，是爲生見生。如相剋，則爲生見殺。若前飛來泊宮之坐星，與此山爲旺，而後飛到之星，與山又相生，是爲旺見生。如被坐星相剋，是爲旺見退。生旺退殺，禍福有霄壤之分，不可不細審也。

祖緜按：此節似係原文，未經改竄者也。"原坐"，指山向二盤飛星言，將年紫白飛臨之字，與山向飛星所得之字，一一參詳是也。

宗宣注：此句講解年運與山向二盤飛星的關係。

統臨專臨皆善，吉莫大焉。統臨不善而專臨善，不失 吉。統臨善而專臨不善，不免於凶，然凶猶未甚也。若統臨專臨皆

不善，斯凶禍之來，莫可救矣。

姚註：此一節總束統臨專臨，而尤歸重於專臨。

祖緜按：作者於紫白，僅知其一，而未知其二，如三白寶海之亞流而已。此節作者自知偽術不能欺世，故作遊移兩可之語以自飾爾。

至於流年干支，亦入中宮順飛，以考八山生旺。如其年不得九星之吉，而得歲音之生旺，則修動亦獲吉徵。

姚註：此一節申明太歲入中二句。

如甲子年，甲子入中，乙丑乾，丙寅兌，順飛八山，將其納音與八山較生旺。如坎山屬水，甲子納音金，爲金生水吉，乙丑乾，乾上繫坎山二黑方，土生金，爲洩氣，餘可類推。八山俱有流年九星入中，從中宮順飛八方，各有生旺退殺之辨，倘此年到山之星不吉，而太歲干支之納音，與山或生或旺，則修理動作，亦可獲吉也。

祖緜按：流年主一年之吉凶，山向飛星主宅之全局。若全局不吉，流年雖吉，亦不免於凶。全局吉，流年雖不吉，亦未能見凶。若僅以歲音之生旺，修動希獲吉徵，則於理有所不能。

宗宣注：祖緜按説原文及姚注在此處爲偽。祖緜按明確流年入中的流年盤僅主一年之吉凶。而定之山向主全局。全局不吉，流年雖吉，不免於凶。流年雖不吉，未能見凶。即流年對吉凶的影響微小。

禽星穿宮，當先明二十四山入中之星。巽角木，辰亢金，乙氐土，卯房日，甲心月，尾火，寅箕水，艮斗木，丑牛金，癸女土，子虛日，壬危月，室火，亥壁水，乾奎木，戌婁金，

辛胃土，酉昴日，庚畢月，觜火，申參水，坤井木，未鬼金，丁柳土，午星日，丙張月，翼火，巳軫水，各以坐山所值之禽星，入中順佈，以論生剋。但山以辰戌分界，定其陰陽，自乾至辰陽山，陽順佈；自巽至戌　陰山，陰逆行。星生宮者，動用與分房吉。星剋宮者，動用與分房凶。

姚註：此一節申明管山星宿句。

祖緜按：二十八宿謂之“禽”，又有禽煞八，卽《史記‧日者列傳》叢辰、堪輿兩家言也。今以歲差之故，二十四山之禽星，已與昔時不同。且叢辰家與堪輿家之言，與九宮巽。《論衡‧譏日篇》云：“堪輿歷，歷上諸神非一，聖人不言，諸子不傳，殆無其實。”其說何足采。當時楊盤所列此者，似爲諏吉之用。今瞽者爲人推命，所謂黑虎遁者，卽演禽之法也，用於地理，實無一驗。且下文姚註演排，亦非演禽之法。

宗宣注：祖緜按此處所論演禽之法可略去，用於玄空實無一驗。

流年之禽星，則以值年之星入中宮，陽年順飛，陰年逆飛，而修造之休咎，於此可考。

姚註：此一節申明每年禽星二句。

流年之禽星、是本年所值之禽星也。其起例以日、月、火、水、金、土七宿順排，周而復始，即知值年爲何宿；又以虛、鬼、箕、畢、氐、奎、翼七宿，周而復始，即知值年及管事之宿矣。如上元甲子年，畢宿值年，畢月鳥是太陰禽也。又如庚寅年，胃宿值年，胃土雉是土禽也。凡太陽禽值年，虛宿管事；太陰禽值年，鬼宿管事；火禽值年，箕宿管事；水禽值年，畢宿管事；木禽值年，氐宿管事；金禽值年，奎宿管事；土禽值年，翼宿管事也。陽年者，子、寅、辰、午、申，戌；陰年者，丑、卯、巳、未、酉、亥是。

祖縣按：如今年戊寅，參水猿值年，畢月烏管局，每年有一定之理。管局者，即寅之對宮。值年者，即申之隔宮，天干之庚也。其排列有一定之次序，陽順陰逆之說，雖可排列，然用於九宮，則爲贅疣駢拇。

宗宣注：祖縣按已言明流年的影響於全局而言已甚微。禽星之說，對九宮玄空而言，更是贅疣，不必深究。

八門加臨者，乾山起艮，坎山起震，艮則加巽，震則從離，巽從震，離從乾，坤從坤，兌從兌，以起休門，順行八宮，分房安牀，獨取開、休、生（即是一白、六白、八白三方。）　三吉。

姚註：八門，奇門也。休、生、傷、杜、景、死、驚、開爲八門。八門五行隨八卦而起。休隸坎屬水，生隸艮屬土，傷隸震屬木、杜隸巽屬木，景隸離屬火，死隸坤屬土，驚隸兌屬金，開隸乾屬金。加臨者，加於八山也。乾山從艮上起，休震、生巽、傷離、杜坤、景兌、死乾、驚坎、開坎。山從震上起休，艮山巽上起休，震山離上起休，巽山震上起休，離山乾上起休，坤山坤上起休，兌山兌上起休，俱順布八宮，以開、休、生三門爲最吉，分房安床，必取諸此。

祖縣按：奇門與九宮同出一原。所謂門者，即九宮五字飛到之處。其奇門之奇字，不作奇異之奇解，因奇係寄之本字。所謂奇門者，即寄門也。《漢書‧藝文志》所謂"羨門式"，是也。羨與奇音通。原文及姚註均未知奇門之術，奇門原式，坎休乾開，即九宮之一六共宗也。艮生震傷，即九宮之三八爲朋也。巽杜離景，即九宮之四九爲友也。坤死兌驚，即九宮之二七同道也。則艮坤亦爲生死之門，與九宮用法同。以“休開生爲三吉”，“休”即一白，“開”即六白，“生”即八白，與九宮之一六八爲三吉者亦同。姚註：“乾山從艮上起休，震生、巽傷、離杜、坤景、兌死、乾驚、坎開。”是艮處休一，震處生八，巽處傷三，震巽合三八爲朋。離處杜四，坤處景九，離坤合四九爲友。兌處死二，乾處驚七，兌乾合二七同道。坎處開六，與艮處休一，合一六同宗。係艮一位，而無門之可奇。所謂門者，休入中，門在坎。死入中，門在坤。傷入中，門在震。杜入中，門在巽。五入中，八方爲坎休、坤死、震傷、巽杜、乾開、兌驚、艮生、離景，即中五之作用。開入中，門在乾。驚入中，門在兌。生入中，門在艮。景入中，門在離。所謂門者，即五字加臨之處。九宮與奇門，其理同一，不過術士巧玄名目，以欺世人而已。原文根本錯誤，不足爲訓。

宗宣注：祖緜按言明奇門之説用於玄空九宮。其“奇”字非“奇異”之“奇”，乃寄之本字。所以“奇門”即爲“寄門”。《漢書·藝文志》有“羨門”，羨與奇音通，也即寄門。祖緜按言姚注並不解奇門之説。坎（一）休，乾（六）開，即九宮“一六共宗”。艮（八）生，震（三）傷，即“三八爲朋”。巽（四）杜，離（九）景，即“四九爲友”。坤（二）死，兌（七）驚，即“二七同道”。休、開、生爲三吉，即坎一白、乾六白、黑八白，與九宮一、六、八爲吉同。休入中，即坎一入中，門在坎。死入中，即坤二入中，門在坤。傷入中，即震三入中，門在震。杜入中，即巽四入中。開入中，即乾六入中。驚入中，即兌七入中。生入中，即艮八入中，門在艮。景入中，即離九入中，門在離。

九宮與奇門其理同，勿被術士巧立名目，以欺世人。

又有三元起法：上元甲子起乾，順行四維，乾艮巽坤，週而復始。中元甲子起坎，順行四正，坎震離兌。下元甲子起艮，順行四維，艮巽坤乾。

姚註：四維、四隅之方也，每年起法，只就四維，不用四正。上元甲子年，乾上起休，乙丑年艮上起休，丙寅年巽上起休，丁卯年坤上起休是也。惟每年輪法，仍兼用八方，如上元甲子年，乾上起休，坎生、艮傷、震杜、巽景、離死、坤驚、兌開是也，周而復始者。每年起法，如上元甲子，乾上起休，至丁卯起坤爲一周，戊辰又從乾上起休，己巳艮上起休爲復始，其輪法即干支陰山陽山，陽順布，陰逆行也。中元甲子坎上起休，輪法照上元、下元甲子，艮上起休，輪法照上、中元。

祖緜按：此節原文，更誤解奇門矣。天下事只有一法，並無二門，硬將奇門分而爲二。姚註云：“如上元甲子年，乾上起休，坎生、艮傷、震杜、巽景、離死、坤驚、兌開是也。”坎生艮傷，即九宮之三八爲朋。震杜巽景，即九宮之四九爲友。離死坤驚，即九宮之二七同道。乾休兌開，即九宮之一六共宗。不知太一下行卦宮之理，以爲乾上起休者，硬以休字排在乾上，順則順流而下，逆則逆流而上，而無門之可奇，謬之尤謬，此節爲最。

宗宣注：祖緜按已言，此節原文誤解奇門，謬之尤謬，此節爲最。

論流年係何宮起休門，亦論其山之陰陽順逆。如寅甲　陽，陽主順；乙卯　陰，陰主逆。但取門奇門也。生宮、宮門比和　吉，宮剋門次之，宮生門則凶，門剋宮則大凶。

姚註：此三節申明八門加臨句。

八宮起休之法，在分二十四宮之陰陽，以爲順逆排去。就震宮一局論之，震分甲、卯、乙三山，如本年當年震上起休，則甲、卯、乙三山俱起休門，但其中甲繫陽干，爲陽山，主順，則震休、巽生、離傷、坤杜、兌景、乾死、坎驚、艮開。乙繫陽干，卯繫陰支，爲陰山，主逆，則震休、艮生、坎傷、乾杜、兌景、坤死、離驚、巽開。若奇來生宮，得生氣，如休到木宮之類，宮與門比和得旺氣，如休到水宮之類皆吉。宮去剋門爲死氣，如休到土宮之類次凶。宮去生門爲洩氣，如休到金宮之類主凶。門來剋宮爲殺氣，如休到火宮之類大凶。

祖緜按：原文論陽順陰逆不誤。至"宮剋門次之"以下三句則誤。姚註："八宮起休之法，在分二十四宮之陰陽，以爲順逆排去。就震宮一局論之，震分甲卯乙三山。"又曰："甲係陽干，爲陽山，主順。"又曰："乙係陰干，卯係陰支，爲陰山，主逆。"姚氏全註中可采者惟此而已，至挨法又誤。

宗宣注：祖緜按已言明，原文及姚注此處不確，挨法有誤，不可取。

九星弔替者，如三元九星，入中飛佈，均謂之弔。而年替年，月替月，層替方，門替間，皆以替名。

姚註：自此以下五節，俱申明九星弔替多方句，此節又總提弔替各法。

祖緜按："九星"者，貪狼、巨門、祿存、文曲、廉貞、武曲、破軍、左輔、右弼是也，與九宮有別。此言九星，實指九宮言爾，蓋年有年紫白，月有月紫白，日、時亦有紫白。層方門間，視天地盤山向飛星，合年月日時紫白而觀之，則吉凶立判。

宗宣注：祖緜按已言明，此原文的九星實指九宮，非貪狼……右弼。年有年運，月有月運，日有日運，皆可視天（運）盤、地盤（元旦盤），山向飛星結合年月日的運氣用《紫白訣》觀吉凶。

如上元甲子年，一白入中宮，輪至子上，乃歲支。係六白，即以六白入中，飛佈八方，視其生剋，而支上復得二黑，是年替年也。

姚註：此一節申明年替年句。

子隸坎宮，一白入中，坎上飛到六白，子繫甲年之支，故以歲支之六白入中，而坎又飛到二黑、是以替年之法也。

祖緜按：如上元甲子年，一白入中宮，六白在坎，飛佈八方，與天地盤及山向飛星合觀之，吉凶立判。"甲子"之字，在干支論，雖爲甲子；以九宮論，上元爲一白，中元爲四綠，下元爲七赤，不必再以歲支入中。此僞說也。

宗宣注：上元甲子年年運一白入中，如下圖六白坎宮位：

九	五	七
八	一	三
四	六	二

坎

可與天（運）盤、地盤、山向飛星合觀吉凶。年運僅用一年。主要要看上、中、下元，九運的流行之氣。如上元第一運，一白入中；第二運，二入中；第三運，三入中，……餘類推。

又如子年三月，六白入中宮，輪至辰上，三月建係五黃。即以五黃入中宮，輪見八方伏位，而月仍復四綠，是月替月也。

姚註：此一節申明月替月句。

三月建辰，子年三月，六白入中，七乾、八兌、九艮、一離、二坎、三坤、四震、五巽，辰隸巽，以月支五黃入中，周圍輪布，而月支辰巽上，仍繫四綠到宮，是以月替月之法也。月白每年起法訣曰：「四仲之年正月八，四孟二黑卻相逢，若向四季如何取，正月黃星逆數通。」如子、午、卯、酉為四仲年，正月八白入中，二月七赤入中；三月六白入中，四月五黃入中，五月四綠入中，六月三碧入中，七月二黑入中，八月一白入中，九月九紫入中，十月八白入中，十一月七赤入中，十二月六白入中，每月逆數九星；寅、申、巳、亥為四孟年，正月二黑入中，二月一白入中，每月逆數九星；辰、戌、丑、未四季年，正月五黃入中，二月四綠入中，每月逆數九星。凡此星入中，則當令不可動。其原坐本方，如五黃入中，不作乾坤艮巽，蓋五黃入中，四面八方此月俱不宜動作也。此名暗建殺，為伏吟，即大月建，犯必損人，此殺最烈，紫、白、太陽、大臘俱不可解，雖隔河亦忌。神殺之凶，此為最矣。

祖緜按：月紫白，合天地盤山向飛星及年紫白合觀之，吉凶立判。此以月建飛到之字，再入中，另飛一盤，以為月替月之法，實誤。

宗宣注：月紫白，如月支為子、午、卯、酉的四仲年，正月八白入中，二月七赤入中，三月六白入中，依月逆數排。

月支為寅、申、巳、亥的四孟年，正月二黑入中，二月一白入中，三月九紫入中，每月逆數排。

月支為辰、戌、丑、未的四季年，正月五黃入中，二月四綠入中，每月逆數排。

　　如二層屋，下元辛亥年，五黃入中，六白到乾，以六白入中，輪佈八方，論生剋，是層替方也。

　　姚註：此一節申明層替方句。

　　祖縣按：五黃入中，即以五黃輪佈，不必用六白，誤。

　　又二層屋，二黑居中，如開離門，則六白　門星。辛亥年五黃入中，見九紫到門，剋原坐金星，復以九紫入中，輪數八方，而六白到坤，及第七間，是門替間也。

　　姚註：此一節申明門替間句。

　　此用九星分層，故層屬二黑，以二黑入中，六白到離，開離門，則六白爲門星。下元辛亥年，年白五黃入中，九紫到離，離門原坐星是六白，今流年飛九紫到離來剋，原坐金星即以九紫入中，一到乾、二到兌，艮、離、坎、坤，逐一挨去，坤上得六白矣。九紫入中，即從第一間起九紫，二間一白，三間二黑，四、五、六，七挨去，第七間是六白。此以門替間之法也。

　　祖縣按：門替間之方亦誤。

　　此《河圖》之妙用，運令之災祥，無不可以預決矣。

　　姚註：此一節總結《河圖》運令之妙。

　　宗宣注：祖縣按已言按門替間方法誤。

第二節　紫白訣下篇

華亭姚廷鑾註　杭縣沈祖緜按　沈宗宣注

訣一作斷，一作賦。《宅譜指要》、《元合會通》錄之，又有鮑士選注本。茲仍錄姚，以較諸家注解爲詳也。

四一同宮，準發科名之顯。

祖緜按：《玄機賦》云："坎元生氣，得巽木而附寵聯歡。"又云："名揚科第，貪狼星在巽宮。"又云："木入坎宮，鳳池身貴。" 與此同，皆指得令言也。《飛星賦》云："常知四蕩一淫，淫蕩者扶之歸正。"失令時四一即主淫蕩。姚註全篇不足爲訓，須以天地盤山向飛星爲斷。至於流年紫白加臨者，主助一年之吉凶，陽宅門開旁宮者，再以門向一盤合參之。

宗宣注：祖緜按已言姚注將年運（流年）紫白加臨，只主一年之吉。四一同宮，得令時名揚科舉，失令時主淫蕩。

九七合轍，"合轍"一作"穿途"。常招　祿之災。

祖緜按：九爲火，七爲金，金被火剋，二字同宮，失運時即有火災之應。《玄空祕旨》云："火剋金兼化木，數驚回祿之災。"《飛星賦》云："赤紫兮致災有數。"與此意同。若九七同宮之處，其方宜空，或見水，可免回祿之災，然九七終非佳兆，形勢不善，動輒得咎。如《玄空祕旨》云："午酉逢而江湖花酒。"凶多吉少可徵。

宗宣注：九七合轍（兩字同宮），九爲火，七爲金，金被火剋，失運時有火災。若天盤與山向飛星見三七，而年運又三七疊至。震三木爲兌金七所剋，主刼盜。西方金爲刑官，震木受剋，主招官災。

二五交加，罹死亡並生疾病。原作"而損主亦且重病"。

祖緜按：坤二爲病符，若年上紫白五黑加臨，則有此病。《飛星賦》云："黑黃兮釀疾堪傷。"即是此意。

宗宣注：坤二爲病符，年上紫白有五黑，加入病上加病。

三七疊至，被刧盜更見官災。

姚註：此節總提九星同宮分別吉凶。

四綠一白同到曰"同宮"，如坎宅一白入中，流年又四綠入中，坎宅艮方是四綠，流年又一白到艮，巽宅四綠入中，流年又一白到中宮，巽宅一白到坤，流年又四綠到坤，均爲四一同宮。一白爲官星，一作魁星，四綠爲文昌，故發貴。九紫七赤同入中宮，或同到方位，名曰："合轍"。九紫爲後天火星，七赤是先無火數，故主火災。二黑與五黃同入中宮，或同到方位曰"交加"。二黑爲病符，五黃爲廉貞，故主死亡疾病。三碧七赤同入中宮，或同到方位曰"疊至"。三碧爲蚩尤。七赤爲破軍，故主盜訟。

祖緜按：《玄空祕旨》云："震庚會局，文臣而兼武將之權。"又云："長庚啟明，交戰四國。"皆指得令而言也。又云："兌位明堂破震，主吐血之災。"又云："木金相反，背義忘恩。"《飛星賦》云："乙辛兮家室分離。"皆指失令耳。此句重在"疊至"二字，若天盤與山向飛星已見"三七"，而年紫白又"三七疊至"，震木爲兌金所剋，兌爲毀折，主劫盜，又西方屬金，金為刑官，震受剋制，主招"官災"。

宗宣注：三七疊至，震三木，兌七金，金剋木，主招盜，招官災。

蓋四綠為文昌之神，職司祿位（原作"天輔太乙"。）一白　官星之應，主宰文章。（原作"牙笏文章"。）還宮復位固佳，交互疊逢亦美。

姚註：一白之宅與方，流年又一白到，四綠之宅與方，流年又四綠到，名為還宮復位。一白之宅與方，流年遇四綠到，四綠之宅與方，流年遇一白到，名為交互疊逢。餘可例推。

祖緜按：此重言四一同宮之美，水木相生故也。"還宮"者，山向飛星有四一處，又逢四一是也。"復位"者，即伏吟，主不吉，雖逢四一，亦不作吉論，蓋玄空之理，重在不足宜補，有餘宜洩，如本宮叢犯，則四一為水泛木流矣。

宗宣注：四綠為文昌，一白為官星，主宰文章，一白水生四綠木，一四同宮，水木相生之美。但有伏吟，不吉。玄空之理在補不足，如復位伏吟，本宮叢犯，則四一水泛木流。

故三九、九六、六三，惟乾離震攀龍有慶。而二五八之位，"位"原作"間"。亦可蜚聲。

姚註：三九，三碧九紫也。震宅三碧入中，乾方是四綠，遇流年九紫入中，乾方是一白。離宅九紫入中，乾方是一白。遇流年三碧入中，乾方是四綠。則三九之宅，乾方四一同宮。九六，九紫六白也。離宅九紫入中，離方是四綠，遇流年六白入中，離方是一白。乾宅六白入中，離方是一白。遇流年九紫入中，離方是四綠，則九六之宅，離方四一同宮。六三、六白三碧也。乾宅六白入中，震方是四綠，遇流年三碧入中，震方是一白。震宅三碧入中，震方是一白。遇流年六白入中，震方是四綠。則六三之宅，震方四一同宮。乾、離、震攀龍者，言三九宅四一在乾，九六宅四一在離，六三宅四一震也。二、五、八者，二謂第二間，承三九言。震宅三碧入中，即將三碧加第一間，上數至二間是四綠。流年遇九紫入中，將九紫加第一間數至二間是一白，故二間內四一同宮，離宅與三碧流年仿此。五謂第五間，承上九六言。離宅九紫入中，將九紫加第一間，上數至五間是四綠。流年遇六白入中，將六白加第一間，上數至第五間是一白，故五間內四一同宮。乾宅與九紫流年仿此。八謂第八間，承上六三言。乾宅六白入中，將六白加第一間，上數至八間是四綠。流年遇三碧入中，將三碧加第一間，上數至第八間是一白，故八間內四一同宮。震宅與六白流年仿此。亦可蜚聲者，言非獨乾、離、震之方位遇四一，可發科名，即二、五、八之間，亦逢四一，可以蜚聲也。

　　祖緜按：此節連下二節，先子曰："三九、九六、六三、一七、七四、四一、八二、二五、五八，此三節為前人所未道破，實即指中宮山向飛星也，第一節為六運之艮坤、寅申兩局，第二節則四運之艮坤、寅申，第三節乃指二八兩運之未丑，蓋皆山向當旺之局也，僅舉坤艮兩卦者，因坤艮為生死之門，舉一反三之義焉爾。"（見《沈氏玄空學・紫白訣下篇》，本書下"八二、二五……俱足題名"一段沈紹勳注。）蓋六運艮坤中宮為三九，山上為九六，向上為六三，故曰三九、九六、六三。乾之向上飛星二，離之向上飛星八，震之向上飛星五，故曰二五八之位。此言山向飛星挨排之法，惟六運之艮坤，到山到向，故作者舉一以反三，又舉"乾離震"三宮，向上飛星爲"二五八"以明之,是雖拘于天機不可洩漏,亦偶然流露而已。至"攀龍有慶""亦可蜚聲"八字恐非原文,因六運五已退氣,二則去之更遠,八雖下元之統卦氣,時尚未至,豈能"攀龍有慶","亦可蜚聲"也哉。註大誤。

宗宣注:祖緜按中言"三九、九六……"等實指中宮的山向飛星。

如,六運的艮山坤向,中宮六入中,山九向三。六運的寅山申向,中宮六入中,山九向三。以上爲"三九"。

如,四運艮山坤向,寅山申向,皆爲中宮四入中,中宮山七向一。

如,二運未山丑向,中宮二入中。中宮山八向五。

以上皆到山到向,山向當旺。

坤向

1　　4	5　　8	3　　6
五	一	三
2　　5	9　　3	7　　1
四	六	八
6　　9	4　　7	8　　2
九	二	七

艮山

六運天元艮山坤向挨星圖

又如,六運艮山坤向,中宮三九,山九向三。山上有山六向九,向上有山三向六。故曰三九、九六、六三。

六運艮坤,乾宮向上飛星二,離向上飛星八,震向上飛星五。故曰二五八。但六運五已爲退氣,二則去之更遠,八雖爲下元的卦氣,但也時尚未到,豈能攀龍有慶。

　　一七、七四、四一，但坤艮中附凰　祥，而四七一之房，均堪振羽。

　　姚註：一七、七四、四一，照上節三九等挨法，艮坤中者，艮字承上一七言，艮上四一同宮，坤字承上七四言，坤上四一同宮。中，中宮也，承上四一言，中宮四一同宮也。四、七、一者，四謂第四間，承上一七言。坎宅一白入中，將一白加第一間，上數至第四間是四綠。流年遇七赤入中，將七赤加第一間，上數至第四間是一白。故四間內四一同宮。兌宅與一白流年仿此。七謂第七間，承上七四言。兌宅七赤入中，將七赤加第一間，上數至第七間是四綠。流年遇四綠入中，將四綠加第一間，上數至第七間是一白。故七間內四一同宮。巽宅與七赤流年仿此。一謂第一間，承上四一言。巽宅四綠入中，將四綠加第一間上。流年遇一白入中，將一白加第一間上。故第一間內四一同宮。坎宅與四綠流年仿此。附鳳振羽者，飛騰之意也，亦言四一到間之妙。

　　祖緜按：四運之艮山坤向，中宮爲一七，山上爲七四，向上爲四一，故曰「一七、七四、四一」。「坤艮中」之「中」字，即「中宮」之「中」也。此言坤之向上飛星爲四，艮之向上飛星爲七，中宮向星爲一，故曰「四七一」。

　　宗宣注：

坤向

8　　2 三	3　　6 八	1　　4 一
9　　3 二	7　　1 四	5　　8 六
4　　7 七	2　　5 九	6　　9 五

艮山

四運天元艮山坤向

235

中宮，向一山七，"一七"。坐山，向七山四，"七四"。向首，向四山一，"四一"。故曰一七、七四、四一。"坤艮中"之"中"字，即中宮之中。坤向向上飛星爲四，艮山向上飛星爲七，中宮向星爲一，故曰四七一。

八二、二五、五八，在兌巽坎登雲足賀，而三九六之屋，俱足題名。

姚註：八二、二五、五八，照前三九等挨法。兌、巽、坎者，兌字承上八二言，兌上四一同宮；巽字承上二五言，巽上四一同宮；坎字承上五八言，坎上四一同宮。三、九、六者，三謂第三間，承上八二言。艮宅八白入中，將八白加第一間，上數至三間是一白。流年遇二黑入中，將二黑加第一間，上數至三間是四綠。故三間內四一同宮。坤宅與八白流年仿此。九謂第九間，承上二五言，坤宅二黑入中，將二黑加第一間，上數至第九間是一白。流年遇五黃入中，將五黃加第一間，上數至第九間是四綠。故九間內四一同宮。中宮與二黑流年仿此。六謂第六間，承上五八言，五黃局五黃入中，將五黃加第一間，上數至第六間是一白，流年遇八白入中，將八白加第一間，上數至第六間是四綠。故六間內四一同宮。艮宅與五黃流年仿此。俱足題名者，言三、九、六間，與兌、巽、坎，俱主發貴也。

沈紹勳注：三九、九六、六三、一七、七四、四一、八二、二五、五八，此三節爲前人所道破，實即指中宮山向之飛星也。第一節爲六運之艮坤，寅申兩局，第二節則四運之艮坤、寅申，第三節乃指二八兩運之未丑，蓋皆山向當旺之局也。僅舉坤艮兩卦者，因坤艮爲生死之門，舉一反三之義焉爾。

祖縣按：二運之未山丑向，原文似當作"五八、八二、二五”，則中宮爲五八，山上爲八二，向上爲二五。兌宮向上飛星三，坎宮向上飛星九，巽宮向上飛星六，“兌巽坎”三字，宜易“兌坎巽”。至八運未山丑向，中宮爲二五，山上爲五八，向上爲八二，兌宮向上飛星九，坎宮向上飛星六，巽宮向上飛星三，與兌巽坎之飛星益舛，是當從二運之未山丑向，三爲二之未來氣，“登雲足賀”，猶堪說也，九六則不能。總之此三節，皆言山向飛星挨排之法，後人不知，將原文竄改爾。

宗宣注：

巽　　　　　　　　　　　　　　　未山

9　　6	4　　1	2　　8
一	六	八
1　　7	8　　5	6　　3
九	二	四
5　　2	3　　9	7　　4
五	七	三

兌（右側）

丑向　　　　　　　　坎

二運地元未山丑向，到山到向，當旺

二運未山丑向，中宮五（向）八（山），坐山爲八（向）二（山）。向首爲二（向）五（山）。故原文八二、二五、五八爲坤宮、艮宮及中宮的向上數。兌宮向上飛星三，坎宮向上飛星九，巽宮向上飛星六，應兌、坎、巽三九六。

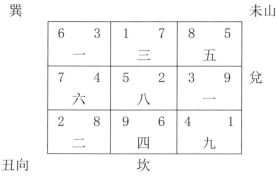

巽　　　　　　　　　　　　　未山

6　　3 一	1　　7 三	8　　5 五
7　　4 六	5　　2 八	3　　9 一
2　　8 二	9　　6 四	4　　1 九

兌

丑向　　　　　　　　　坎

八運地元未山丑向，到山到向，當旺

八運未山丑向，中宮二（向）五（山），山上爲五（向）八（山），向上爲八（向）二（山）。兌宮向上飛星九，坎宮向上飛星六，巽宮向上飛星三，爲巽、兌、坎三九六。

遇退殺可無嫌，逢生旺而益利，年與運固須並論，運與局尤貴參觀。

姚註：此極贊四一二星到方到間之妙，而又提出看法，局運年俱當並重。鮑云：局者，向首承氣之局也。

祖緜按：姚註以一四同宮立說誤矣，乃承上文而言也。如六運之艮山坤向，寅山申向；四運之艮山坤向，寅山申向；二運之未山丑向；皆到山到向。八國雖有退與殺者，然一貴常權，亦可無嫌，倘逢生旺之氣，其效益神。此言"年運須並論"，姚註僅論年而不論運，誤讀原文矣。若年月俱利，而局不合，亦非。如四六運之艮坤寅申，二運之未丑，到山到向，若坐空朝滿，排山而無山，排水而無水，仍犯上山下水之病，此"局與運，尤貴參觀"也。

宗宣注：祖緜按已指明姚注又僅以年運當運，實爲不妥，應以上、中、下元的運氣爲主而論。

如，二運未山丑向，（見上頁圖）爲到山到向當旺。雖在未山處遇"八"，向首丑處遇"五"，遇退殺之氣，但無嫌仍當旺。六運艮山坤向，寅山申向，四運艮山坤向，寅山申向皆如此。

原文已強調"年與運固須並論"，但"運與局尤貴參觀"。

運氣雙逢分大小，年月加會辨三元。

姚註：如上元一白管運六十年，此大運也。前甲子、甲戌二十年，小運亦是一白，是運宜分大小也，各元類推。每歲交接加會，要辨明上、中、下三元之星各有不同。如同一甲子，上元在坎，中元在巽，中元在巽，下元在兌之類。

祖紱按：此所謂"大運"，即上元中元下元也。所謂"小運"，即上元一運、二運、三運，中元四運、五運、六運，下元七運、八運、九運。年紫白上元甲子年一白在坎，中元甲子年一白在巽，下元甲子年一白在兌，此年之當"辨三元"也。至於月紫白子午卯酉年，一白在八月。辰戌丑未年，一白在五月。寅申巳亥年，一白在二月、十一月。原文"月辨三元"，誤。殆其信筆爾。"年月加會辨三元"，則重在元運可知。

宗宣注：祖紱按已亮明，大運上、中、下，上元一、二、三運，中元四、五、六運，下元七、八、九運，玄空重在此元運，而年運、月運略輕。

但住宅以局方　主，層間以圖運　君。

姚註：住宅由局方上論，九星是以局方爲主也。談云："水在離宮爲坎局，在兌宮爲震局。蓋朝南爲坎宅，朝西爲震宅，宅論坐山也。"

層與間之得運失運，以《河圖》五子運爲君。五子運者，即甲子十二年水，丙子十二年火，戊子十二年木，庚子十二年金，壬子十二年土，比較生剋，以判吉凶。

祖緜按：局方、層間，均以圖運爲主，原文分而爲二，誤。

宗宣注：原文有誤。

故坤局兌流，左輔運臨，科名獨盛。

祖緜按：原文指八運未山丑向言。兌方向上飛星九，九爲八之未來氣，所謂聯珠水是也。天盤之一與九合十。《玄空祕旨》云：“南離北坎，位極中央。”《玄機賦》云：“中爻得配水火方交。”然在九運方驗，此指排水而言也。

宗宣注：

未山

6 3 七	1 7 三	8 5 五
7 4 六	5 2 八	3 9 一
2 8 二	9 6 四	4 1 九

丑向

八運未山丑向圖

如圖，兌宮山上飛星九，九爲八的未來之氣，天盤“一”與山上飛星“九”合十。

艮山庚水，巨門運至，甲第流芳。

祖緜按：二運之丑山未向，庚方有水，可作城門用，惟二運未向，若離方有水，則較庚水爲尤吉。蓋離方天盤六，山向飛星爲一四，此一四同宮，又得一六同宮，科名更盛矣。

宗宣注：

巽方門

6　　1 六	1　　5 二	8　　3 四
7　　2 五	5　　9 七	3　　7 九
2　　6 一	9　　4 三	4　　8 八

卯山　（左）　酉向（右）

坎

七運卯山酉向圖

祖緜按認爲原文係指七運卯山酉向門開巽方，反伏吟，且山上飛星皆合十（如卯山7與酉向3。）。

下元癸卯，坎局之中宮發科。

祖緜按：癸卯年在八運，年紫白四綠入中，位位與山上飛星成伏吟。原文合者，惟五運之子山午向，是年四六入中，中宮與山上飛星合一四，坤方與山上飛星，又合一四。向上飛星，與天盤本合一四，巽方與向上飛星亦合一四，交互疊逢，方有此應。

宗宣注：

離方　　　　　　未向

6　9 一	1　4 六	8　2 八
7　1 九	5　8 二	3　6 四
2　5 五	9　3 七	4　7 三

庚方

丑山

二運丑山未向圖

祖緜按言離方有水，比庚方有水爲尤，以爲離方天盤爲六，山向飛星一四，一四同宮又得一六同宮，科名更盛。

歲在壬寅，兌宅之六門入泮。

姚註：坤局二黑入中，兌上是四綠。左輔，八白也，交八運，兌上飛到一白，是四一同宮，故科名獨盛。艮山八白入中，兌上是一白。巨門，二黑也，交二運，兌上飛到四綠，亦四一同宮，故甲第流芳。下元癸卯年，四綠入中，坎局本一白入中，是年又四綠入中，是四一同宮，故主發科。兌宅七赤入中，六白飛到巽，是巽爲六門。下元壬寅年，五黃入中，四綠到巽，故曰兌宅之六門入泮。此言四六同到，文曲武曲會合亦妙，但只入泮，不能發科者，未得一四同宮故也。

祖緜按：壬寅年亦下元八運，五黃入中，位位與地盤成反伏吟，豈能"入泮"，想係七運所建之卯山酉向，或乙山辛向，門開巽方，其反伏吟與山上飛星字字合十，方有此驗，因姚註云："兌宅七赤入中，六白飛到巽，是巽爲六門。下元壬寅年，五黃入中。四綠到巽，故曰兌宅之六門入泮。"姚氏昧於七運所建之宅，六門在巽，不知係七運卯山酉向也。

宗宣注：

午向

2　　　1	6　　　5	4　　　3
四	九	二
3　　　2	1　　　9	8　　　7
三	五	七
7　　　6	5　　　4	9　　　8
八	一	六

子山

五運子山午向圖

祖縣按原文所指應爲五運子山午向。坎向向上飛星四與天盤一合，一四同宮。巽方向上飛星一與天盤四，一四同宮。

此白衣求官，秀士赴舉，推之各有其法，而下僚求陞，廢官思起，作之亦異其方。

姚註：此以上總申明上文四一同宮意。

求官重一白官星，求名重四綠文昌，方法各有不同。

祖縣按：此重言一四同宮也。

夫殺旺，　求身旺　佳，造塔堆山，龍極旺　加意。

姚註：殺位強盛，當於龍局宅生旺之方堆高。蓋生方高則洩殺氣，旺方高則助主山，但言龍者，省文也。

祖縣按：如現在四運，向上四字挨到處，即生旺也。三爲已去之運，二爲去久之運，向上飛星，二三所臨之處，是處有水，即謂之"殺"，宜"造塔堆山"以補洩氣。姚註正相反。所謂"龍"者指水言。"極"者指中宮言。

宗宣注：祖緜按言如現在是四運，向上有"四"字，即星旺。三爲已去之運，二爲去久之運。故向上飛星臨到有二、三字，且有水，即爲殺，宜在此方造塔、堆山以補洩氣。原文：龍，指水。極，指中宮。

制殺不如化殺　貴，鐘樓鼓閣，局山生旺施工。

姚註：此二節總提下文各殺必須制化意。

如坎局以土爲殺，金爲生，水爲旺，遇土殺，當於金水二方起金水星體之樓閣，或用宅主金水之年命，或用金水月日時，則土來生金，貪生忘剋，兩水比和，身強處不畏剋，雖不與殺爲敵，殺自不能爲害，此化殺之謂也。

祖緜按：姚註誤。玄空之法，虛實兼施，上指向首，此指山言，謂宜於山之生旺方，築室以扶其氣。

宗宣注：祖緜按已明姚注爲誤。

七赤爲先天火數，九紫爲後天火星，旺宮單遇，動始爲殃，煞處重逢，靜亦肆虐。

姚註：先天之數，二七爲火，故七赤爲先天火數，九紫隸離，離象爲火，故九紫爲後天火星，俱主火患。如局山旺方，七赤九紫，只到一位，動作則火發，不動則無虞。在局山殺方，而又二星同到，即不動作亦主火發也。

祖緜按：上文九七合轍，常招囘祿之災是也。七爲金，古人生成以二七爲火誤矣。見拙著《九宮撰略》。"旺"，指得運。"煞"，指失運。"動"即下文"廉貞疊至，都天加臨"，是也。

宗宣注：祖緜按指原文在此處用"七赤爲先天火數"，有誤。（見《九宮撰略》）旺，指得運得令。煞，指失運失令。動，指廉貞五黃疊加。

或　廉貞五疊至，或　都天流年神煞加臨，即有動靜之分，均有火災之患。

姚註：廉貞，五黃也。都天，十二戊己最凶。紅羅紅舌主火，如七赤九紫上，五黃又到，都天又臨，眾煞相聚，是爲群丑會集，無論動與不動，均有火災。

祖緜按："廉貞"即五黃，"都天"即戊己。廉貞、都天，加臨七九挨到之宮，即爲之動，此指旺宮而言也。

宗宣注：廉貞爲五黃，都天戊己也爲五黃，疊加加在七九所到之宮爲動，爲有火災之患。

是故亥壬方之水路宜通，通者閉之，則登時作祟，右弼方之池塘可鑿，鑿者填之，則隨手生殃。

姚註：亥壬二宮屬水，水可制火，故不可閉，閉則火無水制。右弼九紫方也，火方有水，所以制火、故不可填。

祖緜按：亥壬右弼，非元旦盤之亥壬右弼，乃山向飛星之亥壬右弼也。近見治陽宅者於是方鑿池，一無效驗。無他，不知天心正運故也。

宗宣注：祖緜按言，治陽宅鑿池，無效驗，原因在要視天心，中宮的運氣。原文中山向方亥壬位，有水路要通。閉則登時作祟。右弼九紫方如已鑿池塘，若填之，生殃。

廟宇刷紅，在一白煞方，尚主瘟火，樓臺聳燄，當七赤先天火旺地，豈免炎災。

姚註：廟宇紅色屬火，在一白方似乎有制，豈知一白是局山上煞地，煞地見火，水不能制，故瘟火不免。七赤在旺地，已主發火矣，若於七赤上高造樓閣，火災烏能免哉！

祖縣按：一白屬水，本可制火，廟宇大者主瘟火，小者主目疾而已。

宗宣注：廟宇紅色屬火，在一白水方可制火，但廟大主瘟火，小則主眼疾。

建鐘樓於煞地，不特亢旱常遭，造高塔於火宮，須知生旺難恃。但一宮而二星同到，必片刻而萬室全灰。

姚註：局山之煞地，己是凶方，又建鐘樓，鐘鳴則催動煞氣，不但患火，且犯訟病。九紫七赤，本是火宮，雖在局山生旺之方，但高聳則火星強盛，況塔形尖利，又是火形，生旺何可恃乎？若九紫七赤會於一處，火災之慘，遍地皆紅。

祖縣按："煞方"，玄空以退氣為煞方，如一運九字八字挨到處，二運一字九字挨到處，三運二字一字挨到處，四運三字二字挨到處，是也。餘類推。"火宮"，即九字四字挨到處是也。

宗宣注：祖縣按強調"煞"在玄空中即為退氣。如一運中"九"字、"八"字挨排到處為"煞"。二運中"一"字、"九"字挨到處為"煞"。三運"二"字、"一"字，挨到處為"煞"。文中"火宮"為"九"（火）字、"四"（木）字，火宮建高塔，宜招火災。

巽方庚子造高樓，坎艮二局俱焚，而坤局之界不犯。

姚註：庚子，中元也。是年四綠入中，七赤飛艮，九紫飛坎，一白飛坤。巽方本九紫火星之位，造高樓則火動。艮之七赤先天火數，坎之九紫爲後天火官。流年飛到之星最重，故坎艮俱焚也。坤上流年是一白飛到，水能制火，故可不犯。此就坎離定位，分八方方隅也。

祖緜按：姚註云："庚子，中元也。"是也。"庚子"在五運，住宅南北向占多數，世人動喜巽方高聳，以爲生氣。如一運子山午向，所建住宅，在五運庚子年巽方建高樓，四入中。巽方天盤九，年盤三，九爲火數，木能生火。坎上年盤九，與向上飛星九相遇，九火數也。艮上年盤七，山上飛星九，與中宮之四相遇，中宮與山上飛星，合四木數九火數，木生火也，故犯火災。坤方年盤一，水能制火，故可不犯，若在二運子山午向，所建住宅，而五運庚子年巽方建高樓，四入中。巽方天盤一，年盤三，水能生木，木又生火。坎上年盤九，與天盤七九合轍，火剋金也，山向飛星爲二二。艮上年盤七，向上飛星爲九，七九又合轍，山上飛星爲四，四能生九之火，山向飛星四九，火數也，中宮之四助其勢，同屬陰神，爲祟更烈。坤方年盤一，水能制火，故可不犯，三運子山午向，所建住宅，在五運庚子年，巽方建高樓，四入中。巽方天盤之二，與山上飛星之七，合二七金數，年盤三是木受金制，坎上年盤九，與山上飛星四，合四九火數，其勢熾矣，故是方亦犯火災。艮上年盤七，與天盤六，爲交劍殺，向上飛星四，爲二七之金所剋，至衰之方也，亦常受災。坤方年盤一，與向上飛星一，比和，故可不犯，四運子山午向，所建住宅，在五運庚子年巽方建高樓，四入中，四運之天盤，與是年年盤字字成伏吟。巽方天盤三，年盤三，地盤又四，木氣盛矣。坎上年盤九，與天盤九，皆火數也，合成四九火勢，爲災至巨，山向飛星爲四四，火勢益熾。艮上年盤七，與天盤七，成伏吟，又與向上飛星二，合二七金數，火星疊疊以制金，金無生氣，亦當受火災也。坤上年盤一，與天盤一，雖爲伏吟，然爲水所制，故可不犯。此作者熱於天心正運，故抉要而言之，使人知玄空之理，當知飛星四綠方宜高，而元旦盤之巽方，則有宜有不宜也。

宗宣注：

午向

5　　6 九　3	1　　1 五　8	3　　8 七　1 ——年盤數
4　　7 八　2	6　　5 一　4	8　　3 三　6
9　　2 四　7	2　　9 六　9	7　　4 二　5

子山

一運子山午向圖

　　一運庚子年巽方建高樓四入中，則巽方年盤爲三，巽方原天盤九。九爲火數，三木生火。坎上年盤爲九，與向上飛星九相遇，九爲火數。艮上年盤爲七，山上飛星九，與中宮四相遇。四爲木，九爲火，木生火，故犯火災，但坤方年盤一，一爲水能制火，故不犯火災。

　　如，二運子山午向建宅，五運庚子年巽方建高樓，四入中，同樣分析下來……也因坤方年盤一水能制水，不犯火災。

　　三運子山午向建宅，五運庚子年巽方建樓，……分析結果不犯。

　　四運子山午向建宅，五運庚子年巽方建樓，……分析結果不犯。

巳上丙午興傑閣，巽中離兌皆燼，而艮局遠方不侵。知此明徵，不難避禍。

姚註：此以上總申明前九七合轍句意。

丙午，中元也。是年七赤入中，故中宮被火，九紫到兌，故兌亦被火，二黑到離，二亦先天火數，故離亦被火，巽方本九紫火宮，於此造閣，所謂動始爲殃也。艮上流年一白到，可制火星，故遠則可免。此亦就坎離定位，分方隅也。

祖緜按：巳屬巽，此舉五運癸山丁向住宅言也。五運本屬旺運，是年流年不利，動則得咎，中宮山上飛星九，與天盤四，合四九火數也。丙午年七入中，即七九合轍，火剋金也。兌方天盤七，山上飛星七，年盤九，亦九七合轍，故患火災。惟"巽中離兌"四方，原文誤。姚註以"二黑到離，二亦先天火數，故離亦被火，巽方本九紫火宮"。實勉強附會爾。疑"離兌中宮皆燼"也，因離方天盤九，年盤二，向上飛星五，五即離，二加火上，火勢甚熾，故有斯驗。

宗宣注：

丁向

二　一	六　五	四　三
四　6	九　2	二　4
三　二	一　九	八　七
三　5	五　7	七　9
七　六	五　四	九　八
八　1	一　3	六　8

癸山

五運癸山丁向圖（阿拉伯數字爲年運盤）

巳屬巽方中宮向（祖緜按爲"山"。）上飛星九，丙午年七入中，中宮有七九合轍。九火剋七金。兌方天盤七，向（祖緜按爲"山"。）上飛星七年盤九，亦是九七合轍。故患火災。祖緜按言原文"巽中離兌皆燼"應爲"離兌中宮皆燼"。因離方天盤九，年盤二。向上飛星五，二加火九上，火勢甚熾。

正煞爲五黃，不拘臨方到間，人口常損。病符爲二黑，無論流年小運，疾病叢生。

祖緜按：此言年紫白，二五之害。《玄空祕旨》云："值廉貞而頓見火災。"《飛星賦》云："五黃飛到三叉，尚嫌多事。"其凶如此。又《飛星賦》云："黑黃兮釀疾堪傷。"意同。

宗宣注：五黃廉貞陽土，爲正關煞，到處易見火災。二黑爲病符星，陰土，主病。

五主孕婦受災，黃遇黑時出寡婦，二主宅母多痾，黑逢黃至出鰥夫。

姚註：五黃中央土，爲正關煞，故最凶。二黑隸坤爲病符星，故主病。五黃爲陽土，二黑爲陰土，主肚腹，故孕婦應災。黃上加黑，陰壓陽也，故出寡。二黑隸坤，坤爲老母，故應宅母。黑上加黃，陽壓陰也，故出鰥。

祖緜按：此言失運之住宅，年月五黃與二黑相遇逢者也。

宗宣注：失運之宅若五黃主孕婦受災，與三黑相遇易出寡婦、鰥夫。

運如已退，廉貞五逢處眚不一，總以避之爲良。運若未交，巨門二交會病方深，必然遷之始吉。

姚註：廉貞，五黃也，已失生旺運時，遇之災難畢至，惟避爲良。

巨門，二黑也，未交生旺運時，見之病不能免，惟遷始吉。

以上總申明前二五交加句意。

祖緜按：此重言二五之害也。曰“運已退”，“運未交”，與當令者有別。

宗宣注：運退之時，逢五黃廉貞要避之。運未交，五黃二黑交會病加重。

蚩尤（三）碧色，好勇鬥狠之神。破軍（七）赤名，肅殺劍鋒之象。是以交劍殺興多刦掠，鬥牛殺起惹官刑，七逢三到生財，豈識財多被盜。三遇七臨生病，那知病愈遭官。

姚註：三碧爲蚩尤，喜鬥爭；七赤爲破軍，主肅殺。七赤遇六白，爲金見金，名交劍煞。三碧遇坤艮，爲木剋土，名鬥牛殺。三碧木來被七赤金剋，我剋爲財，但赤是賊星，故主被盜。三碧木遇七赤金來剋，剋我則病，三碧喜戰鬥，故又遭官。

祖緜按：此言失運時之三七也。《玄空祕旨》云：“木金相反，背義忘恩。”若得令時，則爲“震庚會局，文臣而兼武將之權”，“長庚啟明，交戰四國”。《飛星賦》有“七剛三毅”者，得時則文武全備，失時則鬥爭肅殺，故七遇六白爲“交劍殺”。三碧遇庚，又遇八白丑爲“鬥牛殺”。

宗宣注：失運時三七同宮，木金相背，背義忘恩。得令時，震（三）庚（兌七）會局，文武兼備，七剛三毅。若失令時則相鬥肅殺。三碧遇庚（兌七），又遇八白丑爲鬥牛殺。

運至何慮穿心，然煞星旺臨，終遭刦賊。身強不畏反伏，

但助神一去,遂見官災。

姚註:三七對沖曰"穿心殺",旺者如三碧值木運,七赤值金運,煞遇旺爲得令,故劫賊在所難免。反吟與穿心煞同,即對宮相遇也。若三又見三,七又見七,爲伏吟。助神助局,宅之神也,助神去則身弱而煞旺,官災必不能脫矣。

此以上總申明三七疊臨句意。

祖縣按:穿心煞五運之壬丙丙壬,庚甲甲庚,乾巽巽乾,亥己己亥,艮坤坤艮,寅申申寅,皆不當運,謂之穿心煞。此言穿心煞者,指年盤五黃入中之年也。五黃入中,二十四山位位皆穿心煞,即反伏吟也。故原文與反伏吟相提並論,然年盤反伏吟爲害尚微,惟向上飛星一盤,五入中順行者,爲禍甚烈,無助神之可解。原文未盡然也。

宗宣注:五運壬丙、丙壬、庚甲、甲庚、乾巽、巽乾、亥巳、巳亥、艮坤、坤艮、寅申、申寅,以上山向本不當運。若年盤五黃入中,則九宮處處出現天盤、年盤,數皆相同,謂穿心煞,即反伏吟。但年盤反伏吟爲害徵。若向上飛星五入中順行爲禍甚烈。

祖縣按與姚注略不同。

姚注,"三七對沖曰穿心煞,旺者如三碧值木運,七赤值金運",當令。煞遇旺得,煞更強,劫賊難免。反吟與穿心煞相同,即對宮相遇,三見七,七見三。若三見三,七見七,爲伏吟,助神助局。

要知息刑弭盜,何須局外搜求。欲識愈病延年,全在星中討論。

姚註:此局總提吉凶在局星上見。

　　更言武曲（六）青龍（三），喜逢左輔（八）善曜。六八武科發跡，否亦韜略榮身。八六文士參軍，或則異途擢用。旺生一遇已吉，死退雙臨乃佳。

　　姚註：武曲六白，左輔八白，俱爲吉宿。六遇八，主發武，八遇六，主發文。如在局上爲旺爲生，或六或八，有一星到即吉。如在局上爲死爲退，則六八同到始佳。

　　祖緜按：玄空以三白爲吉，一白、六白、八白皆吉星也。得令時主“武科發跡”，“文士參軍”，失令時則否。《玄機賦》云：“若艮配純陽，鰥夫豈有發生之幾兆。”原文謂“死退雙臨乃佳”，失其旨矣。

　　宗宣注：一白、六白、八白皆吉星，得令時主武科發跡，文士參軍。失令否。原文“死退雙臨乃佳”，爲誤。另姚注：吉，局中有六，遇八發武；局中有八，遇六發文。

　　九紫雖司喜氣，然六會九，而長房血證。七九之會尤凶。

　　祖緜按：九六之會得令者，如《玄空祕旨》所云：“丁丙朝乾，貴客而有耆耄之壽。”失令時，如《玄機賦》所云：“火照天門，必當吐血。”得令而形局有不善者，如《玄空祕旨》所云：“火燒天而張牙相鬥，家主罵父之兒。”玄空之理，須以活潑潑妙用斷之。“血證”固不限於“長房”，若失令時，房房如此也，“七九之會”本“凶”。

　　四綠固號文昌，然八會四，而小口殞生，三八之逢更惡。

　　姚註：六白金遇九紫火剋，故主血證。六白屬乾，乾爲老父，故應長男。七赤金遇九紫火剋，理應少女受災。六白是吉星，逢剋已凶；七赤是破軍惡曜，故尤凶。八白土遇四綠木剋，八白艮爲少男，故應小口。八白土遇三碧木剋，亦主小口不利。四綠是吉星，逢剋已凶；三碧是祿存惡曜，故更惡也。

祖縣按："三八"得令者，如《玄空祕旨》云："山風值而泉石膏盲。"亦未見大凶。三運卯山酉向，山向飛星向上爲雙八，三運酉山卯向，山向飛星山上爲八三，皆有吉而無凶，不能以木剋土爲凶徵也。

宗宣注：得令時九六會，貴客且有長壽者。失令時火照天門吐血。七九會尤凶。四綠爲文昌，但艮八會四，木（四）剋土（八）爲凶。原文言三（木）八（土）會更惡。如圖

卯山

二　六 二	六　一 七	四　八 九
三　七 一	一　五 三	八　三 五
七　二 六	五　九 八	九　四 四

酉向

三運卯山酉向，山向逆排，到山到向，當旺

向上飛星三八（祖縣按中"雙八"兩字有誤。）有吉無凶。不能單憑木剋土爲凶徵。

八逢紫曜（九），婚喜重來。

祖縣按：《玄機賦》云："輔臨丁丙，位列朝班。"取火土相生也。

六遇輔星（八），尊榮不次。

祖緜按：得令時如此，取金土相生也。失令時，如《玄機賦》所云“若艮配純陽，鰥夫豈有發生之幾兆”矣。

如遇會合之道，盡同一四之中。

姚註：八白本吉星，九紫又喜曜，九紫火來生八白土，故主婚事重來。六白本吉宿，八白又喜曜，八白土來生六白金，故主不次之擢。會合謂二星同度也，吉星同度，其吉徵與四一同宮者同也。

祖緜按：此篇拘于一四同宮立論，恐後人竄改，非原文也。“一四”兩字，疑“山水”之誤，蓋上文諸星並論，非句句“一四”也。

宗宣注：“八逢紫曜”，即八白吉星，又有九紫來臨，九紫火生八白土，主婚喜重來。

“六遇輔星”，即六白吉星，有八白左輔之星來臨，八白土生六白金，吉星雙度，其吉同“四一同宮”。但祖緜按言，失令時八艮上配六白純陽，會有鰥夫兆？

欲求嗣續，紫白惟取生神。至論帑藏，飛星宜得旺氣。

姚註：紫白吉曜，生主發丁。如九紫火來生土，一白水來生木，六白金來生水，八白土來生金，均爲生神，加紫白故發丁。飛來旺星皆紫白吉曜，旺星來主發財帛。

祖緜按：此承上文，以山向二片立論，山主人丁，向主財祿。

宗宣注：紫白吉星飛臨生主發丁。

如，九紫火來生土，一白水來生木，六白金來生水，八白土來生金，均爲生神且發丁。

二黑飛乾，逢八白而財源大進，遇九紫則瓜瓞緜緜。

祖緜按：此指五運子山午向，山向二盤而言也。乾宮向上飛星八，故曰"逢八白"。山上飛星九，故曰"遇九紫"。"二黑"指年盤而言。二八相逢，即《玄機賦》所謂"坤艮通偶爾之情"。又云："巨入艮坤，田連阡陌。"得令時，故有此應，二九相逢，爲火生土，得令時逢之，此房住人，定可育男。

三碧臨庚七，逢一白而丁口頻添，交二黑則倉箱濟濟。

祖緜按："庚"字誤，當作"巽"字。上言五運子山午向之乾宮，此言午山子向之巽宮也。乾巽對待，術士以天門地戶稱之，作者舉子午之乾、午子之巽二宮，以明其他各宮，山向飛星，皆可推求之理，舉一反三耳。上言"二黑飛乾"者，係中元乙酉、甲午、癸卯三年，一白入中之年也。此言"三碧臨巽"者，係中元辛卯、庚子二年，四綠入中之年也。一三相逢，水木相生，中宮之四綠，助巽方之氣，巽之四，更得旺氣，《玄空祕旨》所謂"喬木扶桑"，《玄機賦》所謂"雙木成林"者是也，得令時逢之，故有此應。二三相逢，坤爲財帛田園，富兆也，三得中宮之四，及巽宮地盤之四相助，以剋坤土，故主旺財。上言"二黑飛乾"，向八山九，皆爲未來之運。"三碧臨巽"，向二山一，過去之運也，豈能旺丁旺財，因五運之午子子午爲旺向，其旁宮飛到之字，雖不當令，亦可作吉星也，癸丁丁癸山向同。

先旺丁，後旺財，於中可見。先旺財，後旺丁，於理易詳。

姚註：此以上申明前息刑弭盜句意。

坎宅二黑飛乾。二黑，土也，遇流年八白土亦到乾，土見土爲旺，八白又爲吉曜，做主發財。二黑土遇九紫火來生，九紫是吉曜，故發丁。坎宅三碧飛兌。三碧，木也，遇流年一白水亦到兌，水生木爲生，一白又吉曜，故發丁。三碧木去剋二黑土，我剋爲財，故交二運主發財。此數句均應上節四句而言。凡生星先到，旺星後到，則先發丁而後旺財；旺星先到，生星後到，則先旺財而後發丁。

　　祖縣按：重言申明山向二盤，山旺人口，向旺財祿之理。惟拘天機不可洩漏，故未敢直言耳，反以先、後二字，矇蔽讀者，此術士之慣技。

　　宗宣注："二黑飛乾"句，如：

午向

2　　1	6　　5	4　　3
四	九	二
3　　2	1　　9	8　　7
三	五	七
7　　6	5　　4	9　　8
八	一	六

子山

五運子山午向，山向皆逆飛，到山到向，當旺

　　乾宮向上飛星，逢八白；山上飛星九，遇九紫。二黑指年盤（未在圖中顯示）。二八相逢，坤（二）艮（八）通偶爾之情，巨（二黑）遇艮（八）坤（二），則田連阡陌。得令時有此應。二九相逢，火生土，得令時此房住人，育男。

　　"三碧臨庚"句，祖縣按指，其"庚"字誤，應作"巽"字。如圖，五運午山子向的巽宮，乾（六）巽（四）合十爲時得"天門地戶"。

257

午山

巽		

1　2 四	5　6 九	3　4 二
2　3 三	9　1 五	7　8 七
6　7 八	4　5 一	8　9 六

子向

　　五運午山子向，飛星山向均逆排，到山到向，當旺

　　祖縣按釋"先旺丁，後旺財"，言即"山旺人口，向旺財祿"。術士以先後，蒙蔽讀者。

　　木間逢一白　生氣，添丁不育，必因星到艮坤。火層遇木運財宮，官累不休，必是年逢戌亥。故遇煞未可言煞，須求化煞權。逢生未可言生，猶懼恩星受制。

　　姚註：一白水生間，一白爲子星，主生子。又遇八白土來剋，故主添丁不育。木運能生火層，故發財。但火墓於戌，絕於亥，故交戌亥年，主官災。如遇水爲煞，則用木洩之，用土剋之，所謂化煞爲權也。遇水爲恩，或土剋之，木洩之，火退之，所謂恩星受制也。餘類推。

　　祖縣按：三間、八間爲木間，其說實不足據，且與上文意悖。原文以爲一白受艮坤之剋，木運受戌亥乾金之剋，剋作煞論，非也。

　　宗宣注：祖縣按已言：三間、八間，間數論五行，其說實不足爲據。

但方曜宜配局，配坐山，更配層星乃善。門星必合山，合層數，尤合方位為佳。

姚註：凡八方飛到之星，要與局山層上配合生旺，各間輪到之星，要與山層方上配合生旺。

祖緜按：玄空立向，有一定之理，層間之說，並無效驗，全在空處宜空，實處宜實而已。

宗宣注：祖緜按已一再說玄空之理，尤以方位為佳，層、間數慎用。

蓋在方論方，原有星宮生剋之辨。復配以山之生死，局之旺衰，層之退殺，而方曜之得失始彰。

姚註：在方論方者，言就本方之星論生剋也。如本方為坎，遇六白七赤飛到，金來生水為生，遇二黑八白星到，土來剋水為剋，八方皆然。或生或剋，必須辨之，更以方星與山局層較論，生旺則得，剋洩則失。

祖緜按：方曜得，方可建宅，方曜不得，待時再建可也。玄空之理，以生者為吉，剋者為凶也。得時生者固吉，剋者亦吉也。失時則生與剋皆凶也。

宗宣注：祖緜按再言玄空之理。得時者，生者吉，剋者亦吉。失時者，生與剋皆凶。

就間論間，固有《河圖》配合之殊，再合以層之恩難，山之父子，局之財官，而間星之制化聿著。

姚註：就間論間者，言就本間之星論生剋，以《河圖》之數與之配合，如一間水，二間火之數，水間遇金水星吉，遇土木星凶。更以層山局與間星較論，生我者為恩，剋我者為難，生我者爲父，我生者爲子，我剋者爲財，剋我者爲官，如遇剋、殺、退、洩，則用制化之法。

祖緜按：玄空五運之盤爲《洛書》，其他各運，星層流轉，皆《河圖》之作用，以局定向，物物一太極而已，不必如此拘泥。

論方者，以局山層同到，觀其得運失運，而吉凶懸殊。

姚註：將方與局山層飛到之星，合河洛二運，觀其得失，得運則吉，失運則凶，大相懸殊也。

祖緜按：吉凶由方而來，得時者吉，失時者凶。

論間者，以運年月疊至，徵其得氣失氣，而休咎迥別。

姚註：將此間看值河洛何運，年星又值何星，其星在生旺運中則得氣，在剋洩運中則失氣。得氣主休，失氣主咎，兩途分判，各不相同。

祖緜按：玄空之理，財祿以向一盤爲主，人丁以山一盤爲主，故運之得失，全在山向二盤。“得氣”者，年月紫白更助其得氣。“失氣”者，年月紫白一無所用。

宗宣注：玄空之理向一盤論財祿，山一盤論人丁。失運者，山向、財祿、人丁全失。得運者，年月紫白助其得氣。失氣者，年月紫白無用。

八卦六白屬金，九星二黑屬土，此號老父配老母，入三層則木來剋土而財少，入兌局則星到生宮而人興。更逢九紫入土，木之元，斯得運，而主科名，財丁並茂。

姚註：《河圖》八卦方位，乾位西北屬金，《洛書》二黑屬土，二黑到乾，土來生金，故善，乾金喜二黑來生矣。若乾宅屋造三屋屬木，二黑飛到卻被木剋，不能生金，故主財少。
兌局屬金，二黑飛到，則土來生金，主發丁，故人興。九紫屬
火，元運值木，木生火爲運生星，元運值土，火生土爲星生運，
星運相生，所以丁財貴均發也。

　　祖緜按：“八卦”，乾、坤、震、巽、坎、離、艮、兌也。
“九宮”，一白、二黑、三碧、四綠、五黃、六白、七赤、八
白、九紫也。“九星”，貪狼、巨門、祿存、文曲、廉貞、武
曲、破軍、左輔、右弼也。三者雖同而異。今曰“八卦”、“六
白”、“九星”、“二黑”即是語病。二六同宮，《玄空祕旨》
云：“富並陶朱，斷是堅金遇土。”《玄機賦》云：“地天爲泰，
老陰之土生老陽。”“三層”雖木數，爲乾金所剋，不能剋坤
土，得令時未見財少，如二運乾山巽向，向上飛星二，山上飛
二到山到向，三層之屋，在二運時財丁兩旺，至三運震方有水
者，其家仍不替，無水者不如二運之興盛，不知玄空重在排水
有水，不在層數也，“入兌局”以下云云，均非的論，因二七
與七九，均非吉徵，似當以令星之得令失令斷之，不能拘執於
層間也。

　　宗宣注：

八卦、九宮、九星對應表

五行	八卦	九宮	九星
金	乾	六白	武曲
土	坤	二黑	巨門
木	震	三碧	祿存
木	巽	四綠	文曲

土		五黃	廉貞
水	坎	一白	貪狼
火	離	九紫	右弼
土	艮	八白	左輔
金	兌	七赤	破軍

　　祖緜按言原文講八卦、六白、九星、二黑爲語病。（六白、二黑皆九宮，非八卦，非九星。）玄空之法重在到山到向，不在層數。

　　《河圖》四間屬金，《洛書》四綠屬木，此　《河圖》剋《洛書》。入兌方，則文昌破體而出孤。入坤局，則土重埋金而出寡。若以一層入坎震之鄉　得氣，而增丁口，科甲傳名。

　　姚註：此以上總論層間之吉凶。

　　《河圖》水一，火二、木三、金四，第四間屬金；《洛書》一白、二黑、三碧，四綠，第四間屬木，是《河圖》之金剋《洛書》之木。而又在兌方，兌屬金，金又剋木。四綠爲文昌被剋，則體破四綠位，巽爲稺木，受兌剋，兌爲女，女強則剋夫，而稺木受災，故出孤。四間金屋在坤局，坤爲土，土重埋金，土勢強矣。坤爲老母，勢強剋夫，故出寡。一層屬水，若在坎方，則水見水爲旺，在震方，則水層生木方爲生，層、方互爲生旺，始爲得氣，發丁發貴，理必然也。

　　祖緜按：此節誤與前同。

　　宗宣注：此節原文有誤。

局為體，山為用。山為體，運為用。體用一元，合天地之動靜。

姚註：先看局，就局上分別山之吉凶，是局爲體，山爲用也。先看山，由山上分別運之與山生、旺、退、洩何如，是山爲體，運爲用也。體主靜，用主動。局山能合生旺，則體用合一矣，得天動地靜之道也。

祖緜按：此言體用於理不合，蓋玄空之理，以局爲體，以運爲用，山向爲用中之用。

宗宣注：祖緜按已言原文及姚注對體用之別有誤，當以運爲用，山向爲用，局爲體（地盤爲體）。

山為君，層為臣。層為君，間為臣。君臣合德，動神鬼之驚疑。

姚註：君，主也；臣，輔也。先以坐山爲主，某山應配幾層，是層從山而定者也，則山爲君，層爲臣。先以層爲主，幾層應配幾間，是間從層而定者也，則層爲君，間爲臣。君臣合德者，山與層相生旺而不剋洩，層與間亦然，是君臣合德矣。鬼神有不見而驚異者哉？

祖緜按：玄空以山向爲君，層間爲臣，層之次數，間之方位，由中宮推排而出，然後層間之生旺衰煞，方有確據，所謂形氣兼觀者是也。

宗宣注：玄空之理，山向的分析主爲君，層、間爲次、爲輔。

局雖交運，而八方六事，亦懼廉貞戊己疊加。山雖逢元，而死位退方，猶懼巡羅天罡助虐。

姚註：局雖交生旺元運，而局上八方有六事，如流年戊己廉貞凶星重疊而臨亦懼，六事宜分內外。內六事在宅內，如門、戶、井、竈、床、房等；外六事在宅外，如橋、梁、殿、塔、亭、臺等。凡望見照著者皆是。雖曰六，實不止於六也。戊己每年用五虎遁，遁至戊己二方爲戊己煞，如甲己之年丙作首，甲子年寅上丙寅，卯上丁卯，辰上戊辰，是戊煞，巳上己巳是己煞，廉貞五黃也，山雖交生旺元運，而山之死退方有巡邏天罡，惡煞加臨，最可懼也。巡邏每年太歲爲建，對宮爲破，破爲河魁，巡山，羅喉是也。天罡是奇門內之惡星，其法每年從辰上起子逆行，遇太歲泊宮即是。

祖緜按：年紫白懼廉貞加臨，六戊六己不忌，原文"廉貞戊己"係一事。姚氏分而爲二，以六戊六己解之，誤。"巡羅"即巡山羅喉，如今年戊寅巡羅在甲，即寅建之前一字也。至"天罡"，姚氏以"奇門"解，似可不必，因辰爲天罡也，天罡爲玄空所不采。

宗宣注：祖緜按言原文及姚注將天罡引入，玄空不采。年紫白懼廉貞（即五黃戊己）加臨。

蓋吉凶原由星判，而隆替乃由運分。局運興，屋運敗，從局召吉。山運敗，屋運興，從屋徵祥。

姚註：此以總論局山宜並重。

星之吉者主吉，凶者主凶。星果吉矣，而又得生旺元運，則愈吉愈隆；星雖吉矣，而值死退之元運，則雖吉仍替。如局得元運而興，屋失元運而敗，則從局而舍屋。山失元運而敗，局得元運而興，則從局而舍山。

祖緜按：前二句，是也。"局運興"以下有語病。

發明星運之用，啟迪後起之賢，神而明之，存乎其人也。

　　姚註：此節總收通篇大旨，而示叮嚀告誡之意。

　　則先謹按：右《紫白訣》上下兩篇，會之治陽宅者多宗之。篇中於圖書氣運，體用參詳，局山層間，吊替多方，大旨不外以九星辨生、旺、退、殺，而以氣運判盛、衰、興、廢。華亭姚氏稱此訣應驗如神，意者其合於玄空活潑之妙用乎！然玄空之用，下卦起星而已，吉凶悔吝，辨之於飛星之間，其法由於按運立極，而求山向兩星，入中分陽順陰逆，以飛布八方，今按姚氏所注，乃此訣可不論起造元運與二十四山之陰陽，僅將八宅坐山入中順飛，一盤即爲坐定宮星。其構成推考之星局如此簡單，似遠遜玄空大卦三般挨法之精密，豈理氣中別具一格耶？善哉！沈公之遺注，發前人所朱發，證明三九、一七、八二三節，乃指六四、二八運艮坤兩卦山向中宮之飛星。因思舊注，殆未盡得作者之真詮，故表而出之，俾學者知所印證，以免膠柱而鼓瑟爾。

附錄：易、風水、術數中的五行與系統思維

中國傳統文化中的《易》、風水、術數中的核心理論是陰陽五行說。《易經‧繫辭》中，將八卦賦予五行的歸屬：

八卦	☰	☷	☳	☴	☵	☲	☶	☱
卦名	乾	坤	震	巽	坎	離	艮	兌
自然現象	天	地	雷	風	水	火	山	澤
五行	金	土	木	木	水	火	土	金

並賦予天、地、雷、風、水、天、山、澤八種自然現象，整體象徵世界的結構，並根據八種自然現象的變化，用陰陽互相消長，五行作用，五行相生相克來說明萬物的形成變化。

《易》言"天下萬事萬物，莫不有其定數"，即任何事物都是按一定規律變化運行。變化分兩種，一種是有規律性的變化，一種是超出常態的異變。對於前者人們已掌握其規律，所謂知其然，未必知其所以然。而對後者突發性的異變，現代科學目前也無法掌握其來龍去脈。

《易》中卦爻的分析，也離不了陰陽五行。風水、術數、八字等，更是言必稱陰陽五行。

十天干、十二地支也分別賦予五行的屬性：

天干：甲乙木，丙丁火，戊己土，庚辛金，壬癸水。

地支：子水，丑土，寅、卯木，辰土，巳、午火，未土，申、酉金，戌土，亥水。

第一節　五行淵源

提到五行說，必要言到《尚書》。

《尚書》的來歷：

最早成於史官之手，做爲歷史檔案被各代政府保存下來。《墨子‧貴義》：“昔者周公旦朝讀書百篇。”可見周代之前，夏、商兩代政府存積的檔案數量相當可觀。周公極重視總結歷代的經驗，故自周起，檔案存量遠比夏、殷兩代多，專門設立“守藏室”，長官爲“守藏室之史”，老子首任此官。

史官曾爲顯赫官位。《尚書大傳‧虞夏傳‧皋鯀謨》：“古者天子必有四鄰，前曰疑，後曰丞，左曰輔，右曰弼。天子有問，無以對，責之疑；可志而不志，責之丞；可正而不正，責之輔；可揚而不揚，責之弼。其爵視卿，其祿視次國之君也。”

四鄰又稱四聖，高位，高權。疑，答疑解難。丞，管志史。輔，糾正，紀檢。弼，宣傳，發揚。

春秋之後，史官地位下降，文檔也散失衆多。

《尚書》爲歷史檔案的集成，孔子之前已有人編纂。其檔案自夏、殷、周，後有孔子系統編纂，經秦始皇“焚書坑儒”的活動，流下殘本，有伏生、孔安國二人撰傳，又有唐孔穎達疏。從兩漢起，有多種《尚書》版本。

《尚書》分兩漢時伏生所傳今文二十八篇，孔安國所傳古文二十五篇。“今文”在西漢時代立於學官，受官方支持公開傳授。“古文”未立於學官，其內容爲官方所忌，只能私下傳授。

五行的概念首見於《尚書‧甘誓》。此文記錄於今陝西戶縣西南，稱“甘”之地的一場戰爭。“誓”爲誓言，即戰爭動員令。此文依後傳闡寫成，時代在商代或戰國。戰爭發生在大同（公天下）社會向小康（私天下）社會的過渡時期，所確立的制度，遭到以有扈氏代表的勢力的反抗。以"有扈氏威侮五行，怠棄三正，天用剿絕其命"的名義發起戰爭。有扈氏的罪狀有三。一是蔑視。輕慢五行。二是不奉正朔對時間的規定（一歲第一個月爲正，第一天爲朔。）。三是不守天、地、人之正道。

這裏五行：金、木、水、火、土是指自然和社會的運行規律。

五行思想產生於殷末周初，原指自然萬物所歸納的五種物質（元素）的存在、性質和變化規律。在《尚書·甘誓》講到五行是天地人運行的大法則，不遵循五行之道是要受天譴人罰的。

進一步論述五行這五大元素的物質屬性在《尚書·洪範》之中。

第二節 《尚書·洪範》五行

《洪範》一文，學者劉起釪認爲出於商末，歷西周、春秋、戰國而有所增益潤色，最後經齊方士的整理加工而成。

《洪範》也稱《洪範》九疇，爲治國的九條大法。

《洪範》開篇是武王與箕子的對話，要點爲：一是上帝創造人，上帝創造《洪範》九疇；二是上帝希望臣民能夠和睦相處；三是要依《洪範》九疇行事，且爲治國安民的法規。

《洪範》九疇的第一疇便是"五行"。

惟十有三祀，王訪于箕子。王乃言曰："嗚呼！箕子。惟天陰騭下民，相協（和）厥（其）居，我不知其彝（常）倫（理）攸（所）敘（順）。"

十三年，武王訪問箕子。武王說："唉！箕子，是上帝繁衍了下界臣民，要和他們和諧居住。我不知上帝使下界臣民各安所居的常理是什麼？"

文中武王和箕子的對話，闡述了"《洪範》九疇"（九條大法）：

箕子乃言曰："我聞在昔，鯀堙洪水，汩陳其五行。帝乃震怒，不畀《洪範》九疇，彝倫攸斁。鯀則殛死，禹乃嗣興，天乃錫禹《洪範》九疇，彝倫攸敘。"

箕子回答說："我聽說過去鯀采取堵塞的辦法治理洪水，結果擾亂了上帝創造的五行規律。上帝大怒，沒有把九種大法傳給他，因而使臣民和睦相處的常理遭破壞。後來鯀在流放中死去。禹繼承父鯀的事業治理洪水。上帝把九種大法傳給禹，禹掌握了使臣民和睦相處的常理。"

而五行是九條大法的第一條：

一、五行：一曰水，二曰火，三曰木，四曰金，五曰土。水曰潤下，火曰炎上，木曰曲直，金曰從革，土爰稼穡。潤下作鹹，炎上作苦，曲直作酸，從革作辛，稼穡作甘。

五行性態：

水向下潤濕，味鹹。

火向上燃燒，味苦。

木彎曲或伸直，味酸。

金熔化後可制成不同形狀，味辛辣。

土地上生長莊稼，味甜。

第三節　五行說與系統思維

五行說最先始於《尚書》，其托始於禹，由殷代貴族箕子陳說："天乃錫禹《洪範》九疇。"又"一、五行：一曰水，二曰火，三曰木，四曰金，五曰土。"

殷墟出土的卜辭中可發現許多崇尚"五"的說法：五方、五火、五臣。而五方為基礎的五的體系正是五行說的原始。

中國傳統的科學和文化，是以陰陽五行作為骨架，陰陽消長，五行生克深入意識形態和生活習俗之中。五行理論是中國人"天人合一"，把天、地、人平衡整體系統聯系起來的理論基礎。

當代耗散結構理論的創始人普里戈津（I.Prigogine）總結了中西方思維方法的不同："西方的科學家和學術家習慣於從分析的角度和個體的角度來研究現實。而當代演化發展的一个難題，恰恰是如何從整體的角度來理解世界的多樣性的發展。中國傳統的學術思想是着重於研究整体性和自發性，研究協調與協同。"

中國傳統文化將世界萬物，分成如五行類的幾大元素，幾大系統，而後整體地、發展地、變化的看待世界。既强調五行的各自屬性和區別，又注意五行系統之間的相互關聯。相生相克，相互制約，這正是系統思維的特點。所以說中國古人即有原始的樸素的系統思維的特點，有別於其他文化將世界細分、割裂，不關注事物之間的共通性、關聯性、制衡性。

從語言文字上可看其特點，如對動物"牛"的稱呼，中國的語言是公牛、母牛、小牛、水牛、黃牛、牦牛……，"牛"

是其共性，而公、母、小、水、黃、牦是各自的區別。而其他文化一種牛是一種叫法，（如英語中，牛總稱爲：cattle；公牛：bull；母牛：cow；水牛：buff；牦牛：yak。）沒有看到其共性，只見細分，沒有整體地看待事物。

五行具備系統思維的五大原理：1、整體性原理；2、聯系性原理；3、動態性原理；4、有序性原理；5、系統的控制理論。

一、五行說的系統思維：整體性原理

《黃帝內經》的內核是易理，是五行。賦予五臟是：肺金、心火、腎水、肝木、脾土。萬物也皆賦予五行的屬性，但萬物自然是一個整體，五行是一個整體，人的五臟六腑是一個整體。

中國傳統文化認爲天、地、人整個自然界是一體的。《黃帝內經・素問・天元紀大論》說："天有五行，禦五位，以生寒、暑、燥、濕、風；人有五藏，化五氣，以生喜、怒、思、憂、恐。""夫變化之爲用也，在天爲玄，在人爲道，在地爲化。""在天爲氣，在地成形，形氣相感而化生萬物矣。然天地者，萬物之上下也。"都明確指出天與地爲一個整體。自然界中萬物之間都是互相影響、互相作用、互相依存而不是孤立存在的。

人由五臟五行組成，是一個整體，而人又是宇宙萬物中是一個子系統，人與天地是不可割的。人又由五行五臟五個子系統組成爲一個整體。人的個體不是由先前散存的細胞組織、器官拼組成的組合體，而是由母體分化出的一個子系統，由受精卵開始，通過自身細胞分裂一步步發育而成的，因此人自始便是一個統一整體，不可分割，不可解。一旦分解，人的個體便不存在。同樣，五行五臟每一行每一臟是區別其他臟（行）而存在在人的整體中的。如有金（肺）必有其他臟器，如無金（肺）存在，其他臟（行）便不存在。同樣五行也是相互依存存在於一個自然界中的整體。

二、五行的關聯性原理

五行說將地球萬物分爲五大類元素，名曰五行：金、木、水、火、土。但此五行是一個整體，五行之間有不可分割的關聯性，互相制約，相輔相成缺一不可。如金生水，水生木，木生火，火生土，土生金，形成一個循環鏈，缺一不可。如缺金則無水，無水則無木，無木則無火，無火則無土，無土則無金。

又互相制約：金克木，木克土，土克水，水克火，火克金。但這裏的克不是消滅對方，而是制衡對方、約束對方，不讓對方太強、太盛而破壞五行整體的平衡。如金克木，若將木克死，則無木生火，又無火生土，何有土生金？所以"克"是制衡、平衡，非制於死地。所以五行是一個相生相克、互相關聯而平衡的整體。

五行的關聯性還體現在地上的五行依賴於天的五行，人的五行又依存在天與地的五行。人是天地間的子系統，人的五行受天地的制約。

三、五行的功能性和功能態

以人的五行爲例，人的五行即五臟系統。它的功能狀態是生命的活動。你將其解剖了、脫離了，人體這個大系統，它的功能活動就停止了、生命就不存在了。因此，人的五行五臟功能狀態表現在其生命存在時。生命不在，功能狀態也就不存在了。

第四節　《尚書・洪範》中有大疑之時卜筮的規定

談到中華文化的根：陰陽、五行必提《尚書・洪範》。而《洪範》中共有九條大法。除前講敘"五行"的第一條外，其他皆被人們忽略。其中第七條大法規定，君王有大疑方可啟用卜筮，並且非常詳細地羅列卜筮之後，如何作出最終決策的操作方法。

《尚書・周書・洪範》：

七、稽①疑：擇建立卜筮②人，乃命卜筮。曰雨，曰霽，曰蒙，曰驛，曰克，曰貞，曰悔，凡七。卜五，佔用二，衍③忒。立時④人作卜筮，三人占，則從二人之言。汝則有大疑，謀及乃心⑤，謀及卿士，謀及庶人，謀及卜筮。汝則從，龜從，筮從，卿士從，庶民從，是之謂大同，身其康彊，子孫其逢吉⑥。汝則從，龜從，筮從，卿士逆，庶民逆，吉。卿士從，龜從，筮從，汝則逆，庶民逆，吉。庶民從，龜從，筮從，汝則逆，卿士逆，吉。汝則從，龜從，筮逆，卿士逆，庶民逆，作內吉，作外凶。龜筮共違于人，用靜吉，用作凶。

先作名詞解釋：

①稽，解決。

②卜，指以龜甲做卜卦的工具，由象卜卦。筮，用蓍草做占卦的工具，由數占卦。

③衍，通"演"，研究。忒，音 tē，變化，差錯。音 tu ī，大，副詞。

④時，通"是"，這。

⑤謀，考慮，商量。乃作你。

⑥逢，大。

譯文：

七、解決疑難的方法：選擇善於卜筮的人，命令他們用龜甲卜卦，或用蓍草占卦。

卜筮徵兆如下：

一、兆形象雨；

273

二、兆形象霽，雨後初晴時，雲氣在空中；

三、兆形象蒙，霧氣蒙蒙；

四、兆形象驛，不連貫的雲氣；

五、兆相交錯，曰克；

六、內卦，曰貞；

七、外卦，曰悔。

共有七種。

前五種用龜甲卜卦，後兩種用蓍草占卦。

對卜筮的意義要認真研究，弄清所有變化。

什麼時候用卜筮？要有重大疑難問題時，也即不能亂用、頻用。首先你自己要多加考慮，謀及你的心。然後和卿士、庶民商量，最後問及龜卜、筮占。且用人龜卜和占筮時，都要各用三人，應當從其中兩人的判斷。

這樣，連君主自己、卿士、庶民、卜官、筮官共有五個方面來解決重大疑難問題。

那麼，怎樣最終解決大疑難呢？我們列表更可清晰看出。

君主	卿士	庶民	龜卜	筮占	結論
從（同意）	從	從	從	從	大同，身體康強，子孫大吉。
從	逆（不同意）	逆	從	從	吉
逆	從	逆	從	從	吉
逆	逆	從	從	從	吉
從	逆	逆	從	逆	對內吉，對外凶
從	從	從	逆	逆	用靜吉，用作凶。不可有所舉動，安靜守著，吉利。有舉動不吉利。

　　從以上看，從五個群體層面來看，一般三從兩逆則吉，但如果龜卜、筮占兩逆，而其他三從就不一樣了，靜吉動凶。不可否認，龜卜、筮占的權重比較重要。

　　從《尚書・洪範》第七條大法，我們感知古人關於卜筮對我們告誡，一是逢大疑方可用卜筮，萬不能逢事便卜卦。二是不能一卦定一切，要卜、筮、君、臣、民五方意見的綜合，才能得出結論。結論是不能迷信卜筮。現代的人們並不了解、也不遵從古訓，迷信於街頭、廟宇的"占卜"，於事無補。《易》的大義是"自強不息，厚德載物"，強調人的主觀能動性和從善行德。

後　記

　　拙作始於 2005 年（乙酉）爲父親沈延發先生作《沈氏玄空堪輿學》的編輯、校對及諸多章節的注釋和附錄說明時，而重新對《沈氏玄空學》的有關書籍研究，並做出了讀書筆記。父親的《沈氏玄空堪輿學》出版後，陸續有讀者詢問，希有更詳盡的系統解釋，爲此，就有將對《沈氏玄空學》主要內容解釋的筆記集結成冊之意。約 2010 年至 2017 年完成五稿。

　　期間大哥沈宗文全程爲我打印、校對，完成此五稿。我的原稿零亂不堪，字跡不清並作了大量的圖，並整理出《沈氏易學、玄空學先輩譜》一章，大哥的辛苦可想而知，爲此感謝大哥的辛苦。

　　感謝夫人車美偶在校對中的大力支持。

　　最後感謝香港鷺達文化出版公司的陳嘉田先生，耐心仔細地為此書反復修改排版，在他們大力支持下完成此書的出版。

沈宗宣

2017 年 5 月

《沈氏玄空堪輿學》

沈延發先生祖父沈竹礽的《沈氏玄空學》為堪輿學之要書，把數千年來從不傳人的秘訣全部公開，集玄空之大成。今沈先生將其要秘重新編排，適合現代人的閱讀又集其心得寫出《沈氏玄空堪輿學》。

書　　名 ： 沈氏玄空堪輿學
國際書號 ： ISBN 962-8035-64-9
編　　著 ： 沈延發
定　　價 ： HK$88

《沈氏高層建築堪輿學》

高層建築的風水堪輿是目前從事堪輿之術者所未及的。沈延發先生承其父沈瓞民於上世紀二、三十年代提出的此課題，進一步研究整理高層建築的堪輿學，公之於眾，造福於民。

書　　名 ： 沈氏高層建築堪輿學
國際書號 ： ISBN 962-8035-71-1
編　　著 ： 沈延發
定　　價 ： HK$48

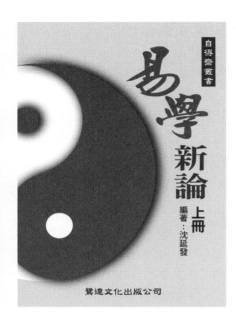

《易學新論（上冊）》

沈延發先生將數十年學易、演易的心得體會，精心編選，匯集精華，供讀易者作為入門的讀本。又因其從現代觀點洐演易理，為其"新"。願讀者從"新論"中悟"周易"。

書　　名： 易學新論（上冊）
國際書號： ISBN 978-962-8035-73-1
編　　著： 沈延發
定　　價： HK$68

《易學新論（下冊）》

清末沈竹礽先生撰寫的《周易易解》中有《周易示兒錄》上、中、下三編，將周易精粹，明提綱，澈淵源，傳子傳孫，心至切矣。"異日讀吾書者，知余之苦心。"今將此傳世之作，公之於眾。又，其曾孫加今譯識讀，讀者可順暢閱之。

書　　名： 易學新論（下冊）
　　　　　 ——周易示兒錄今譯識讀
國際書號： ISBN 978-962-8035-74-8
著　　者： 沈竹礽
今　　譯： 沈宗宣
定　　價： HK$78

《周易趣談》

本書為沈延發先生關於易經的基本理論，在人體科學、氣功、健康等諸多方面應用的多篇深入淺出的論述，集結成冊。因其與日常生活相關而有趣，故名《周易趣談》。讀者開卷有益，在趣談中得易理，妙哉。

書　　　名 ： 周易趣談
　　　　　　　——易理 氣功 健康
國際書號 ： ISBN 978-962-8035-75-5
編　　著 ： 沈延發
定　　價 ： HK$88

《周易與預測》

易經以唯物觀點將宇宙萬物歸類為"象"。陰陽五行八卦，又進一步規納分析"象"之間的生剋乘侮的辯證關係，揭示出萬物的變化規律。世界萬物的變化既有規律，就能從事物的信息出發，進一步按其變化規律分析出事物下一步的發展趨勢，此為預測。本書介紹六十四卦納甲納子預測法、諸葛神數、九宮推算、易經冰鑑、靈空五子卜卦法等。

書　　　名 ： 周易與預測
國際書號 ： ISBN 978-962-8035-83-0
編　　著 ： 沈延發
定　　價 ： HK$58

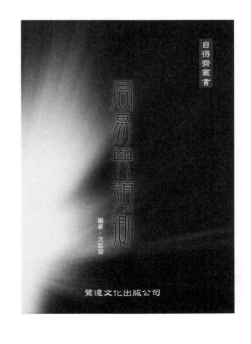

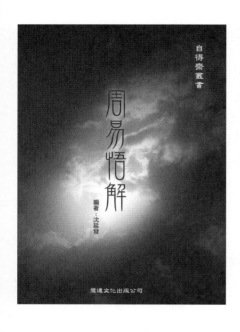

《周易悟解》

本書匯集沈延發先生在上世紀九十年代普及易經知識的講稿及著作。願讀者從作者深入淺出的講解中體會易經以象類物，以象辯證的分析方法，悟解易經對應統一辯證唯物的真諦。

書　　名：　周易悟解
國際書號：　ISBN 978-962-8035-82-3
編　　著：　沈延發
定　　價：　HK$78

《品味【黃帝內經】》（上冊）
——換個角度讀經

黃帝內經與周易、神農百草並列上古三墳，是中華文化的源頭。非醫人也應從源頭之一的《黃帝內經》中了解中華文化，品味《黃帝內經》中內涵的古代先賢們最樸素的系統思維的方式及解決問題的方法，了解中國古代先賢閱人察世的唯物論，了解中國文化的本質。

書　　名：　《品味【黃帝內經】》（上冊）
　　　　　　——換個角度讀經
國際書號：　ISBN 978-962-8035-90-8
編　　著：　沈宗宣
定　　價：　HK$98

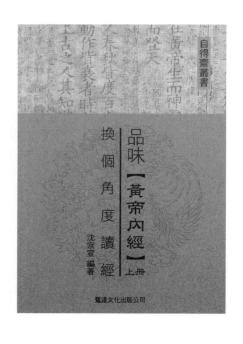

《品味【黃帝內經】》（下冊）
——五運六氣

《黃帝內經》中的五運六氣理論是研究天地氣候變化周期規律的異與常對人的健康疾病的影響和作用。揭示了中醫是一門天（自然）與人相應的醫學，是一門時空的醫學。把人放在天地之間，四時五方之中，放在五運六氣的時空中來認識。病在人體之中，因卻在天文時空之中，在五運六氣六中。本書試圖以最簡潔的方法介紹《黃帝內經》中最有規律性的五運六氣的奧秘。

書　　　名：《品味【黃帝內經】》（下冊）
　　　　　　　——五運六氣
國際書號：　ISBN 978-962-8035-91-5
編　　著：　沈宗宣
定　　價：　HK$88

淺入深出品讀周易

《周易》是中國古代儒家重要經典。《易》以占筮形式賦以古人早期自然科學和哲學思想，影響數千年中華民族的社會、政治生活及人生哲學。本書淺入深出地介紹《易》的「天地時空宇宙論」，分析事物發展「彰往察來」的趨勢論，「自強不息、厚德載物」，為人做事的實踐論。

書　　　名：　淺入深出品讀周易
國際書號：　ISBN 978-962-8035-99-1
編　　著：　沈宗宣
定　　價：　HK$98